青年的思想愈被榜样的力量所激励,就愈会发出强烈的光辉。

主　编：
李建臣：清华大学双学位，武汉大学博士，编审，中国作家协会会员，中国科普作家协会会员，中宣部文化体制改革办公室副主任

副主编：
刘永兵：海军大校，编审，《海军杂志》原主编，海潮出版社原社长

审　定：
葛能全：中国工程院原党组成员、秘书长兼机关党委书记，曾任钱三强院士专职秘书多年

编委会成员：
董山峰：《光明日报》高级记者，《博览群书》杂志社社长，清华大学校外导师

李　颖：教育博士，清华大学社会科学学院副研究员

丁旭东：副教授，艺术学博士后，中国音乐学院中国乐派高精尖创新研究中心特聘研究员，中国人生美育研究会副主任委员，中国文艺评论家协会会员

高　伟：中国文艺评论家协会会员，清华大学博士

刘逸帆：北京师范大学中国社会管理研究院副院长，《社会治理》杂志副社长兼副总编

孙佳山：知名文艺评论家，中国文艺评论家协会会员，中国艺术研究院副研究员

董美鲜：远方出版社文化教育编辑部主任，副编审

刘　瑞：北京市西城区优秀教师，北京市西城区先进教育工作者，海淀外国语实验学校教师数学备课组长

给孩子读的"中国榜样"故事

为数学而生的大师

华罗庚

李建臣 主编

中国·武汉

图书在版编目（CIP）数据

为数学而生的大师——华罗庚 / 李建臣主编. — 武汉：华中科技大学出版社，2020.10（2022.3重印）
（给孩子读的"中国榜样"故事）
ISBN 978-7-5680-6665-5

Ⅰ. ①为… Ⅱ. ①李… Ⅲ. ①华罗庚(1910-1985)-传记-青少年读物 Ⅳ. ①K826.11-49

中国版本图书馆CIP数据核字（2020）第184169号

为数学而生的大师——华罗庚　　　　　　　　　　李建臣　主编
Wei Shuxue er sheng de Dashi——HuaLuogeng

策划编辑：亢博剑
责任编辑：沈剑锋
封面设计：胡椒书衣
责任校对：张会军
责任监印：朱　玢

出版发行：华中科技大学出版社(中国·武汉)　　　电话：(027) 81321913
　　　　　武汉市东湖新技术开发区华工科技园　　邮编：430223
印　　刷：天津中印联印务有限公司
开　　本：880mm×1230mm　1/32
印　　张：8.25
字　　数：200千字
版　　次：2020年10月第1版第1次印刷　2022年3月第1版第4次印刷
定　　价：35.00元

本书若有印装质量问题，请向出版社营销中心调换
全国免费服务热线：400-6679-118　竭诚为您服务
版权所有　侵权必究

推荐序

对未来的期许,应以榜样作引领

长江后浪推前浪,新时代发展将势不可当的"后浪"——青少年——的教育及其世界观、人生观、价值观培塑推到了社会大众的面前。所有对未来幸福生活的憧憬,都应该以自强不息的奋斗为底色。青少年要从小树立远大理想,培养高尚情操,发展兴趣爱好,学会独立思考,发奋刻苦读书,掌握过硬的本领,从而改变自己的命运,为实现中华民族伟大复兴的中国梦贡献智慧和力量。

习近平总书记指出:"青年的价值取向决定了未来整个社会的价值取向,而青年又处在价值观形成和确立的时期,抓好这一时期的价值观养成十分重要。"① 然而在今天,一些人更看重的是学习成绩、名校、名师、金钱、地位等。古往今来的许多事实告诉我们,一个人的学习成绩再优异、家境再优越,如果三观不正,便有可能误入歧途。一个人的尊荣,不在于他的地位、财富与颜值,而在于他对世界的贡献、对人类的责任以及对社会的担当。所有对未来的期许,都应该以榜样作引领。在榜样力量的引领下,青少年的心智将更加成熟,行为将更加理性,成长的脚步也将更加稳健。

2020年,在新冠肺炎疫情暴发的危难时刻,全国医护和科技人员逆行而上,奔赴一线抗疫。他们舍生忘死地拯救病患,有的科学家不惜冒着生命危险,以身试药,他们用"奉献指数"换回了人民的"安全指数"。这是一场没有硝烟的战役,却是生与死的较量。这是一场没有先例的疫情防控,他们用辛劳与专业换得山河无恙、人民安康。奉献不问西东,担当不负使命,在最紧要的关头,在最危险的地方,榜样的力量更加震撼人心。广大青少年应该从他们身上看到、学到中华民族抗击灾难时不屈不挠、守望相助的精神。

---

① 习近平:青年要自觉践行社会主义核心价值观——在北京大学师生座谈会上的讲话.新华网.http://www.xinhuanet.com//politics/2014-05/05/c_1110528066_2.htm

祖国是人民最坚实的依靠，英雄是民族最闪亮的记号。这套由多位专家学者编撰的"给孩子读的'中国榜样'故事"丛书，介绍了钱学森、竺可桢、钱伟长、华罗庚、钱三强、苏步青、李四光、童第周、陈景润、邓稼先等科学先驱的事迹。这些科学家学习成绩优异，大多有海外留学经历，其卓越成就获得了国际学术界的广泛认可。以他们当时的实力，足以在国外过上衣食无忧的生活，然而，他们每一个人都深知，科学无国界，科学家有祖国。钱学森说："我的事业在中国，我的成就在中国，我的归宿在中国。"李四光说："我是炎黄子孙，理所当然地要把所学到的知识，全部奉献给我亲爱的祖国。"邓稼先说："假如生命终结后可以再生，那么，我仍选择中国，选择核事业。"他们不惜牺牲个人利益，远跨重洋回到生活与科研均"一穷二白"的祖国，以毕生的热血为建设新中国做出了巨大的贡献。

八十多年前，鲁迅先生在《中国人失掉自信力了吗》一文中发声："我们从古以来，就有埋头苦干的人，有拼命硬干的人，有为民请命的人，有舍身求法的人……"历史的风雨、生活的磨难，阻挡不了这些人前行的脚步。正是这些人扛起了中华民族伟大复兴的重任，他们无愧为"中国的脊梁"。有人不禁要问，今天的青少年长大后，还能不能前仆后继地埋头苦干、拼命硬干、为民请命、舍身求法呢？今天的青少年可能要问，这些科学家这样"自讨苦吃"是为了什么？我想，这个问题用诗人艾青的一句诗来作答最适合不过："为什么我的眼里常含泪水？因为我对这土地爱得深沉……"

要回答今天的青少年还能不能前仆后继的问题，我想起了梁启超先生一百多年前的期许——"少年智则国智，少年强则国强"。毋庸置疑，今天，中国的青少年正在走向中华民族伟大复兴的未来，他们的脊梁是否挺拔，他们的智慧是否卓越，他们的信念是否坚定，都关乎国家、民族的未来。

榜样是一种动力，榜样是一面旗帜，榜样是一座灯塔，可以为当代青少年引领方向，指导他们奋勇前行。这套"给孩子读的'中国榜样'故事"丛书的出版初衷，就是希望青少年以老一辈科学家为榜样，学习他们胸怀祖国、服务人民的爱国精神，勇攀高峰、敢为人先的创新精神，追求真理、严谨治学的求实精神，淡泊名利、潜心研究的奉献精神，集智攻关、团结协作的协同精神，甘为人梯、奖掖后学的育人精神，将这些可贵的品质内化吸收为个人的精神财富与进取动力，做有理想、有本领、有担当的新时代青年。

祝亲爱的青少年读者朋友们皆能志存高远，前途无量，放飞人生梦想。

中国传记文学学会会长　王丽博士

编者序

实干以兴邦，榜样代代传

　　实干以兴邦，榜样代代传——正是在这种力量的感召下，无数先贤志士前仆后继，"为天地立心，为生民立命，为往圣继绝学，为万世开太平"，以中华之崛起为己任而一往无前，使中国五千年的文明得到延续，中华民族屹立于世界强国之林。习近平总书记曾经指出："一切为中华民族掌握自己命运、开创国家发展新路的人们，都是民族英雄，都是国家荣光。中国人民将永远铭记他们建立的不朽功勋。"这些英雄榜样是中华民族的脊梁，正是他们艰苦卓绝的奋斗，让中华民族从百余年前的羸弱中站了起来。

改革开放40多年来,在各种思想文化相互碰撞和价值取向多元化的情况下,青少年的思想观念、道德标准、价值取向、行为方式等都呈现出新的特点,既有积极的一面,也有消极的一面。对于青少年来说,他们正处于长身体、长知识和世界观形成的重要时期,兴趣广泛、模仿性强、可塑性大,各方面都还不成熟。复杂的社会生活环境中存在着许多不利于他们健康成长的因素,导致他们在思想上产生了种种困惑。如何对他们进行正确的教育引导,成为当今社会普遍关心的一个问题。

党的十八大以来,以习近平同志为核心的党中央高度重视青少年的思想政治教育。习近平总书记在许多场合对加强青少年思想政治教育发表了一系列重要讲话,内容涵盖立德树人、社会主义核心价值观的培育和践行、以文化人、以文育人、教育合力构建、加强党的领导等诸多方面。这些重要论述充分体现了以习近平同志为核心的党中央对青少年成长成才的亲切关怀和殷切期待,立意高远,思想深邃,形成了内涵丰富的思想政治教育理论体系,为提升青少年思想政治教育科学化水平指明了方向,提供了依据。

在对青少年的教育中,榜样的力量是无穷的。榜样是一桅风帆,帮助我们乘风破浪,驶向成功的彼岸;榜样是一盏明灯,驱走我们心中的黑暗,照亮未来之路;榜样是一面镜子,促使我们审视自身的不足,凝聚奋发向上的力量;榜样是一个指南针,引领我们找到正确的方向,从此不再迷茫。"历史烛照时代,榜样传承精神",伟大的时代呼唤伟大的精神,崇高的事业需要榜样的引领。

为了帮助青少年向榜样看齐,向使命聚焦,汲取榜样"内在的力量",感受其家国情怀以及进取奉献的优秀品质和崇高精神,我们编写了"给孩子读的'中国榜样'故事"丛书,选取了10位富有时代特色的榜样人物,他们是:中国航天事业的开创者钱学森、把一生献给了核事业的邓稼先、与原子共传奇的钱三强、中国近代力学的奠基人钱伟长、中国地质力学的创始人李四光、中国"问天第一人"竺可桢、为数学而生的大师华罗庚、站在数学之巅的奇人陈景润、中国克隆先驱童第周、东方第一几何学家苏步青。

这些榜样人物为我国的社会主义建设和国防安全,在各自的领域不畏艰难、开拓创新,做出了卓越的贡献,其伟大事迹彪炳人间。他们不忘初心、淡泊名利、甘为人梯、谦逊朴实、不计个人得失的崇高品质,体现了他们对祖国和人民的无限忠诚,以及对理想信念的执着追求,对青少年具有很强的感召力和教育作用。我们相信,本丛书不仅能够成为青少年喜爱的课外读物,也会是学校、家庭和有关部门对青少年进行人生观、价值观和思想品德教育的好帮手。

在编写的过程中,我们采访了10位科学家生前的同事与部分后人,查阅了大量与他们相关的书籍、访谈录、手札和本人的著作等,从中撷取了一些鲜为人知的故事,将一个个平凡而伟大的生活画面,以精彩曲折、质朴平实的文字呈现出来,使他们的高尚品德与人格魅力跃然纸上,让青少年读者产生心灵的震撼,在感同身受中对老一辈科学家可歌可敬、感人肺腑、催人泪下的动人事迹产生深切的敬意。相信他们会乐于以这些伟大的科学家为榜样,努力学习,刻苦钻研,立志掌握更多的科学文化知识,为国家的强盛、人民的幸福奉献自己的青春和热血。

目 录
Contents

第一章　早年坎坷　　　　　　　　　　　1
  1. 爱动脑筋的"罗罗"　　　　　　　2
  2. 学校里的"怪小孩"　　　　　　　7
  3. 初遇伯乐韩大受　　　　　　　　11
  4. 数学才能的发现者：王维克　　　14
  5. 短暂的上海求学路　　　　　　　20
  6. 刻苦自学的"罗呆子"　　　　　25

第二章　人间苦乐　　　　　　　　　　35
  1. 最深情的陪伴　　　　　　　　　36
  2. 乐观面对磨难　　　　　　　　　39
  3. 数学界初露锋芒　　　　　　　　46

第三章　千里马与伯乐　　　　　　　　51
  1. 熊庆来慧眼识珠　　　　　　　　52

2. 惺惺相惜的杨克纯　　　　　　　59
3. 清华引路人唐培经　　　　　　　62

第四章　学府畅行　　　　　　　　65

1. 清华图书馆员　　　　　　　　　66
2. "半个助理"　　　　　　　　　　70
3. 进步学生的"保护伞"　　　　　74
4. 在剑桥的日子　　　　　　　　　79

第五章　艰难岁月　　　　　　　　87

1. 在西南联大　　　　　　　　　　88
2. 最美贤内助　　　　　　　　　　97
3. 患难之交闻一多　　　　　　　101

第六章　数学家的国界　　　　　109

1. 访苏三月　　　　　　　　　　110
2. 访问美国　　　　　　　　　　117

3. 心向祖国的游子　　　　　　　　　　124

第七章　勇担重任　　　　　　　　　　　133

　　　1. 成立数学研究所　　　　　　　　134
　　　2. 千里马变身伯乐　　　　　　　　139
　　　3. 妙语联句　　　　　　　　　　　146
　　　4. 与毛主席的渊源　　　　　　　　149
　　　5. 倡导数学竞赛　　　　　　　　　152
　　　6. 筹建计算技术研究所　　　　　　155

第八章　成熟的华氏声音　　　　　　　　159

　　　1. 第一本数学专著：《堆垒素数论》　　160
　　　2. 研究数论的结晶：《数论导引》　　165
　　　3. 数学所讨论组的丰硕成果　　　　169

第九章　人民的数学家　　　　　　　　　173

　　　1. 艰难的抉择　　　　　　　　　　174

2. "白发徒工"推广双法	177
3. 参与西南铁路建设	184
4. 让数学为生产服务	188

第十章　治学育人之道　197

1. 严师出高徒	198
2. 把书看成两页纸	205
3. 天才在于积累	208

第十一章　赤子之心　213

1. 老同志与新党员	214
2. 不变的爱国之心	217
3. 永远的故乡——金坛	226
4. 最后一次演讲	231

附录　华罗庚大事年表	242
后记	246

第一章 早年坎坷

小时候的华罗庚在学校里被视为怪小孩,但是童年的他是自由的。他很喜欢动脑筋钻研,使自己的天赋得以充分发挥。尽管遇到了很多坎坷,还曾经被迫辍学,但他对知识的渴望和对数学的热爱最终引领他克服万难,走上了自学的道路。

1. 爱动脑筋的"罗罗"

或许有很多人不知道在江苏太湖西北有一个叫金坛的小县城，但是几乎没有人不知道在那里被发现的一颗"金子"——数学大家华罗庚。

如今的金坛已经不再是往日满城瓦砾的破旧模样，已经建起了新的楼房、新的街道，但是金坛人没有忘记他们的"罗罗"带给家乡人怎样的骄傲。中山公园里的华罗庚纪念馆至今仍保留着他童年时候的玩具，那一件件小物件似乎都在展示这位数学天才的别样童年。

1910年11月12日，华罗庚出生在金坛清河桥东面的一个小店里，这个小店的主人便是华罗庚的父亲华老祥。"华老祥"是乡亲们对他的亲切叫法，他的真实名字叫华瑞栋。华老祥说来也是命途多舛。他本是丹阳人，年轻时四处辗转奔波，后来开了一家丝绸店，可惜一场大火将丝绸店烧了个精光,他也因为这场大火而丧失了锐气。但人总得生存下去,况且还有妻子儿女要养活。他只能从废墟里搜罗最后一点能用的家当,重新开始奋斗。最终,他在金坛城中的清河桥下落脚,开了一家卖杂货的小店,取名"乾生泰"。

华罗庚有个姐姐叫华莲青。在华罗庚出生前,华老祥最大的心愿就是要有个儿子。当时重男轻女的风气还很盛行,年近四十还没有儿子,这让命运坎坷的华老祥整天愁容满面。这使原本艰难的小家庭蒙上了一层愁苦的阴影。华老祥曾在小茶馆里请算命先生替他占卜,希望能找到延续香火的办法。

皇天不负苦心人,华罗庚出生的时候华老祥正好40岁,也算是老来得子,全家人别提有多高兴了。说来也巧,妻子临盆的时候,华老祥正背着个箩筐在赶路,到家时儿子恰巧出生。有些迷信的华老祥为了让儿子健康成长,便为他取名"罗庚",实际上应为"箩根",意思是"放进箩筐辟邪,同根百岁",质朴之情不言而喻,也寄托了父亲对儿子的美好祝愿。此后,邻居们便亲切地叫华罗庚为"罗罗"。

华家虽然家境贫寒,但是对华罗庚却宠爱有加。华老祥夫妇都认为这根独苗是上天赐给他们的宝贝,华罗庚也承载着华家的所有希望。他在父母期盼的目光中一天天长大。华老祥期待儿子能够早日挑起家庭的重担,代替他成为这个家的顶梁柱。

华罗庚3岁的时候,母亲带着他乘坐人力车回丹阳老家探亲。这天正赶上下大雪,城里的土路因为融化的雪水而泥泞不堪,非常难走。车夫因为天气冷,喝了些酒来暖身子,结果贪杯多喝了些,于是一路跌跌撞撞。华罗庚的母亲心想,这天寒地冻的,喝酒御寒并不为过,所以也就没有当回事。谁知他们走到一座桥上的时候,竟然一下子连人带车掉进河里,车夫登时吓得不知所措,呆站在桥上。华罗庚的母亲在水里一边大喊救命,一边想方设法把华罗庚托举到水面上。就在这时,一股大潮向母子俩涌来,华罗庚的母亲好像被人推了一把似的,借着浪头到了河边,她抱着儿子好不容易爬上岸。直到这时,车夫才从举手无措中醒悟过来,急忙上前拉起她。华罗庚的母亲抱着华罗庚,像死里逃生一样又哭又笑地说:"终于保住我家这个命根子了,谢菩萨保佑,谢菩萨保佑啊!"

俗话说"大难不死,必有后福",华罗庚这次落水逃生似乎也印证了这个说法。

华罗庚小时候非常顽皮,在家里不甚听话,是个典型的皮小子。有时候母亲和别人一起玩牌,他感觉受到冷落,总是阻止母亲出牌,甚至爬到桌子上撒尿,父母也不忍心过多责备。不过,因为他说话含糊不清又性情乖僻,邻居们给他取了个外号叫"罗呆子",而且认为他长大后不会有什么出息。

但这些并不妨碍华罗庚度过快乐的童年。他喜欢在父亲的小店里蹦蹦跳跳，把柜台当马骑，在柜台上跳来跳去。对于当时的情景，华罗庚后来回忆说："来我家小店买香烟的人很穷，经常每次只买一支烟，还要借店里的香来点下火。"这一方面说明，小时候跳上跳下的华罗庚并没有一味贪玩，也有自己细致入微的观察；另一方面也说明当时华家的日子并不好过。

华罗庚小时候很羡慕那些能骑真马的人。他在小店里玩耍的时候，店里的柜台就是他的"马"，可是家里没有真马怎么办？他找来一个木板凳，在上面凿个洞，再套上一根绳子作缰绳，就这样"骑"了起来。每次"骑马"他总爱叫"马嘟嘟，马嘟嘟"，这个小木板凳后来也就以"马嘟嘟"为名，被保存在华罗庚纪念馆里。

在大家眼里，华罗庚从来不会乖乖地待在家里，总是哪儿热闹就去哪儿玩。庙会、灯节、船会都少不了他的身影，玩累了他就随便找个能躺下来的地方睡一会儿。为了这事，家里人没少着急。当时，邻居们见到华家的人，总是安慰说："别担心！你家'罗罗'不会丢的，在家等他回来就好了。"

华罗庚也是个爱动脑子的孩子，总想弄明白身边的一些事。在县城庙会上，菩萨是最受人尊敬的，乡里人见到骑着高头大马的菩萨，都立刻跪下磕头，奉为神明。华老祥也常常如此。华罗庚对此特别疑惑："难道菩萨真的什么都知道?"他准备一查到底。庙会散了，乡里人都回去了，他则偷偷地跟着"菩萨"，一路追到城东的青龙庙。这下他终于明白，在庙里卸妆换衣的"菩萨"原来是人扮的！他高兴极了，跑回家对父亲说："阿爸，你以后不用再向菩萨磕头了，菩萨是假的！"迷信的华老祥听到这话，赶紧捂住儿子的嘴："可不能这样讲，对菩萨不敬啊！"华罗庚不知道父亲为什么不相信自己，但是他从此再也不信什么鬼神之说了。

华罗庚从小就不愿意盲目地跟随别人，乐于探求事情的真相。一天，他跟小伙伴们一起出城玩耍，在一座老坟前见到很多石人石马。他问小伙伴知不知道这些石头有多重，小伙伴不假思索地说："这谁能知道啊？"但华罗庚却一直想着这个问题，最后颇为郑重地告诉小伙伴："以后总会有方法知道的！"

确实，华罗庚没有说错，多年后，估算这些石头的重量对学有所成的他已经不算什么问题了。但是，儿时追根究底的精神却影响了他的一生。

华罗庚的童年是快乐的，他可以自由地去发现、去探寻、去求索，尽管身边的人无法帮他解决各种疑问，但是也没有阻止他。遇到让人疑惑的事情，华罗庚总是自己寻找答案，这种自主学习、勇于探索的精神，对他日后的人生有着重要影响。

2. 学校里的"怪小孩"

金坛的码头是县城里最热闹的地方，而华老祥的杂货店就紧靠着码头。

小时候，华罗庚和姐姐华莲青每天都手拉着手，穿过热闹的人群到城门外的仁劬小学去读书。上小学这几年，他和姐姐一边上学一边帮家里做家务，日子过得简单而快乐。

转眼间，华莲青小学毕业了，在"女子无才便是德"的风气影响下，她并没能继续上学。华罗庚因为比较贪玩，学习成绩不好，毕业时只拿到一张修业证书。不过，作为独子，华家望子成龙的心愿全都寄托在他的身上。1922年，华罗庚被送进了刚刚成立的金坛县立中学。

金坛县立中学是金坛县第一所初级中学。华罗庚虽然因为成绩不好没有拿到小学毕业证，只拿到一张修业证，但还是较为顺利地进入了金坛县立中学，成为第一班的一名学生。这年，这个班一共收了8名学生，到华罗庚三年后毕业的时候，只剩下6名学生。

刚开始上中学，华罗庚依旧很顽皮，尤其是他的字写得非常潦草，教国文的老师都不太喜欢这个不认真的小男孩,华罗庚也常常因此挨训。一位老师说:"就凭华罗庚那写得像螃蟹爬一样的字,足可以说他很难有远大的前程。"

当时的数学教员是李月波,他对华罗庚后来的成长产生了重要影响。

李月波生于1897年,自金坛县立中学成立就来到这里教书,是学生与家长公认的好教员。李月波开始也没有看出华罗庚的数学才能。华罗庚初一的时候,数学经过补考才及格。后来,华罗庚回忆这件事时,笑着说:"并不是我冒犯了我的老师,使老师故意不给我及格,而是小时候太贪玩了,未能好好学习,再加上试卷上的字写得很潦草,所以这怪不得老师的。"

经过初一的教训,华罗庚慢慢变得认真起来,数学成绩也越来越好,到后来,每当数学考试题目相对简单时,李月波就把华罗庚找来,悄悄地对他说:"今天的题目太简单了,你上街去玩吧!"由此可见,当时的华罗庚在数学方面已经开始显露出自己的天赋。

能够遇到李月波这样的启蒙老师,华罗庚始终感到幸运。在后来写给校长韩大受的信件中,他这样说道:"月波老师是一位难得的好老师,是他引导和培养了我对数学的兴趣,是他为我在初中三年打好了数学基础,使我以后得以自学数学,并成为我一生为之追求和奋斗的目标。我很感谢他!"

第一章　早年坎坷

除了数学之外,华罗庚之后在其他方面也表现出与众不同的才能,但是他的才能在当时陈腐的教学风气下,却被老师们看成"孺子不可教"。

有一天,国文老师讲《周公诛管蔡》,课文中讲到周武王去世时,成王年幼,由周公摄政,管叔、蔡叔不服,连同武庚一起发动叛乱,结果被周公平定,管、蔡被诛。按照老师遵循的传统观点,应该歌颂周公诛管、蔡,平定叛乱。但老师讲到这里时,华罗庚却提出了疑问,说可能是周公自己想造反,管、蔡识破了他的谋反企图,所以周公才杀人灭口;而周公既然已经诛杀了管、蔡,并且用的是维护周王室的名义,那他就不能再谋反了。没等华罗庚把话说完,语文老师便火冒三丈地斥责道:"周公圣人也,岂可妄议?"

这位老师很崇拜胡适。有一次,他布置作文,让每个同学阅读一本胡适的书,并写一篇读后感。老师把自己收藏的胡适的书籍分发给每个同学,华罗庚收到的是《尝试集》,这本书的扉页上有胡适的一段小序。

> 尝试成功自古无,
> 放翁此语未必是。
> 我今为下一转语:
> 自古成功在尝试。

华罗庚读完之后认为，胡适是把陆放翁的原意理解错了，陆放翁的"尝试成功自古无"是说一尝试便成功的事自古以来都没有，这句话无疑是符合实际的。而胡适所说的是，成功来自一次又一次的尝试，只有尝试了才能成功。两者都是正确的，只是看问题的角度不同，并没有什么矛盾的地方。于是，华罗庚在纸上写道："胡适序诗逻辑混乱，狗屁不通，不堪卒读！"老师看到这句话后气得脸色发白，盛怒之下在华罗庚的卷子上写道："懒人懒语！"从此把华罗庚列入差等生的行列，不予理睬。

当时老师们之所以把华罗庚看成怪学生，还因为另一件事。一天早晨，全校师生都穿着短装在操场上做早操，华罗庚姗姗来迟，竟然还穿着长袍，外面罩了件短马褂。同学们看见后都觉得华罗庚这次肯定要挨批评了，没想到华罗庚却不紧不慢地将长袍撩起，下襟塞到外面的马褂里，这样一来，长袍就变成了短袍。接着，华罗庚大大方方地走入早操的队列，和同学们一起做完了早操。早操结束后，华罗庚将外面的马褂一抖，长袍又放了下来，露出本来面目，同学们都忍不住哈哈大笑。站在操场上的校长韩大受看到这一幕，也只能无可奈何地一笑而过，对于这个怪学生，他真是没有办法。

因为当时的社会环境和思维定式，像华罗庚这样的怪学生根本不是老师的培养对象。令人欣慰的是，面对众多无视和不屑的目光，华罗庚始终没有失去信心和希望。

3. 初遇伯乐韩大受

金坛县立初级中学的国文老师杨立三曾经说过:"华罗庚现在已经成为国内外著名的数学家,但是识英雄于未遇之时,则为王维克与韩可吾。"

韩大受,字可吾,是金坛有名的知识分子,也是金坛县立初级中学的创办者。1889年,他出生在一个贫寒的书香世家,父亲是前清廪生,家里只有几十亩田。韩大受从小就极为聪明,8岁入私塾学习,14岁到上海就读于健行公学,这是他第一次在"西学"的道路上探索。

韩大受与华罗庚的求学经历有些相似,都是因为家庭贫困,只能中途辍学。后来,韩大受阅读了很多革命文章,深受其中先进思想的影响,开始以"汉魂"为笔名,在许多报刊上发表宣传革命的文章。15岁时,韩大受辗转到南京两江优级师范学堂读书,专攻农博科。1911年辛亥革命爆发,正值韩大受毕业之时。

辛亥革命之后,韩大受的同学争相在各地组织办学,韩大受则在金坛县民政署担任教育科科长兼县视学。几年来,他在工作中积攒的钱,都用来创办女子学校了。1916年,这所女子学校改为县办。之后几年,韩大受在许多地方的学校担任教员,极大地丰富了治学、教学经验。他在

26岁那年结了婚，不料两年后妻子便去世，之后他一直过着独居生活。

1921年，韩大受被任命为金坛县立第一高小校长，并组织筹办了金坛县立初级中学，也就是我们所熟知的金坛中学。1922年，金坛中学正式成为独立学校，韩大受担任第一任校长。这时，华罗庚成为这所学校的第一届学生，两人长达数十年的情谊也由此展开。

韩大受作为校长，并不直接参与对学生们的教学活动，但是他在学生们心目中，尤其是在华罗庚心目中，永远是亲切而高尚的。

在金坛中学学习或工作的师生都知道，他们的校长是金坛县教育事业的开创者。韩大受创办金坛中学的时候，为了筹措资金，卖掉了家中仅有的田产，就连自己的薪水也如数捐出。韩大受有识人之才，求贤若渴，当时很多有学问的知识分子，如王维克、杨立三、李月波等都被他聘为教员。韩大受对这些教员极为尊重。对于学生，韩大受不仅要求他们认真读书，更要求他们要有良好的品质和爱国的责任感，学会独立劳动并恪守勤俭节约的美德。学生们对这些要求可能没有多么深刻的理解，但是他们潜移默化地从韩大受身上学到了这些品质。所以，对于这位可敬的校长，金坛中学的师生都充满了尊重与热爱。

华罗庚后来回忆韩大受对自己的影响，曾这样说过："金坛中学的创立者是我最敬爱的韩大受老师，他把毕生精力、所有财产都贡献给了这所学校。他为了办学，卖掉了他所有的田产；他淡泊勤俭，冬天棉衣都不肯穿；他在政治上也是进步的。他在我们家乡，不仅在他的学生们中，就是在一般群众中的声誉也是好的。"

韩大受对华罗庚的帮助和影响是多方面的。华罗庚申请入校时，韩大受得知华家家境贫寒，便免去了华罗庚的学费，使华罗庚有机会受到进一步的教育。后来看到读初一的华罗庚总是贪玩，没有全身心投入到学习中，韩大受找他谈心，劝勉他好好珍惜学习机会，认真学习，将来才能够有所建树。

华罗庚因为很敬重校长，便开始发奋努力，终于成为品学兼优的学生。在晚年回忆韩大受时，华罗庚总忘不了当年韩大受告诉自己的做人标尺："做人要正，待人要诚，学习要勤，工作要实，生活节俭，做一个有益于社会、有益于国家的人。"

从金坛中学毕业后的几十年里，华罗庚与韩大受一直保持着书信往来。每当有什么新的研究，他总要向老校长汇报汇报，韩大受每每收到来信都感到很欣慰，忍不住拿给金坛中学的学生一起看，让他们向这位老校友学习。从韩大受对华罗庚的评语"弟子不必不如师，师不必贤于弟子"可以看出，他对这个学生是多么的自豪。

后来，华罗庚在政治上的走向，也受到了韩大受的深刻影响。

1925 年，韩大受调离金坛中学，担任金坛县教育局局长，并开始着手编著《列宁年谱》等书，他在训诂学和语言学上的突出才能得到了充分的发挥。之后的很多年里，韩大受在学术上颇有成就，出版了许多影响深远的著作。

抗日战争爆发后，韩大受对教育仍然保持着很大的热情。校舍没有了，他就把学校迁到郊区，并组织学生积极为抗日工作。后来，随着战争局势变得愈来愈复杂，韩大受辗转各地担任教员，直至抗战胜利才安定下来。

直到 1971 年去世，韩大受始终没有停止教育工作，把一生都奉献给了教育。他留给华罗庚的除了对数学、对知识不懈的追求探索精神外，还有为人处事的诚意和为人民服务的公心。

4. 数学才能的发现者：王维克

华罗庚上初三的时候，遇到了人生中最重要的一位老师——王维克。王维克不仅第一个发现了华罗庚的数学才能，还及时地给予他很多帮助和启发。这匹"千里马"，由此遇到了生命中的第二位伯乐。

王维克原名王兆祥，又名王和，生于 1900 年，父亲是清末秀才，当过私塾先生。王维克从小受到良好的教育，读书甚多。17 岁时，他进入南京河海工程学校读书，与张

第一章　早年坎坷

闻天、沈泽民等成了同学。1923年，王维克在金坛中学做了一年的教员。也就是在这一年里，他发现了华罗庚的数学天赋并影响了其人生轨迹。

王维克25岁时，和一批同学远渡重洋到法国留学，在巴黎大学学习数学、物理、天文、历史。这一期间，他成了举世闻名的科学家居里夫人的一个中国学生。

1928年，王维克学成归国，在上海中国公学担任教授。当时中国公学的校长是胡适，教务长为杨振声，王维克与他们合不来，于是又回到金坛，立志振兴家乡教育。他对当时正辍学在家的华罗庚十分关心，再次给予他细心的照顾和支持。

1923年，华罗庚读初二的时候，王维克担任其班主任。他不像其他老师那样，通过表面现象断定华罗庚是个调皮捣蛋的坏学生，相反，他认为华罗庚在数学方面很有天赋。

一天，金坛中学的几位教员在一起谈论学生。"成绩好的学生都去省城念书了，剩下的这些都是鲁蛋（指笨蛋）啊！"一个教国文的教员如此说道。王维克不同意："怎么能这么说呢，这些孩子也不错啊，你看华罗庚就挺好的嘛。"

大家一听王维克说华罗庚还不错，纷纷表示反对，嘲笑华罗庚的字就像螃蟹在爬一样，歪歪扭扭不成样子，乍看上去是个极不用功的学生。王维克却说，起初他也和大家一样，认为华罗庚的字不成样子，但后来经过一番研究才发现，他的数学本上很多涂改的地方，正反映了他在演算习题的时候，是如何渐渐找出思路并最终解决问题的。

王维克还指着一群在操场上玩耍的学生，对同事们说："在这一大群儿童和青年之中，他们里面有喜欢写字的、画画的、雕刻的、演说的、做玩具的、做数学题的、下棋的，或者是探寻天之高地之厚的，或者是默默沉思的，这些都是各式各样的人才。我们做老师的只要好好地启发他们、引导他们，对于他们所喜欢的，尽力让他们去做，锲而不舍，行之十年、二十年、三十年，哪有不成为名家之理呢？我奉劝诸位，千万莫把松苗当蓬蒿！而且一个人字写得好坏，跟他以后的成就也不能相提并论啊。"

这段话生动而深刻地反映了王维克的教育理念，这种因材施教、因势利导的教育方法，即使在今天也不过时。而华罗庚也用事实向世人证明，王维克这种观念是正确的，松苗可能在未长成的时候颇显弱小，但与蓬蒿却有本质的区别。

从此，王维克特别留意这个行为怪异的学生，不仅在生活上给予他帮助，在数学学习上更是给予莫大的支持。

王维克不仅精通数学，在其他方面也多有造诣，尤其在语言上颇有建树。为了翻译但丁的名著《神曲》,他闭门不出,查阅作者的有关资料,并认真阅读《圣经》。译完一章初稿后,他便让妻子大声朗读复查,然后对不满意的地方反复修改。王维克对天文也很感兴趣。这样一位一丝不苟、博闻强识的老师,让充满求知欲的华罗庚非常敬仰。

华罗庚很爱去王维克家,和他一起讨论问题或者借阅书籍。而王维克也十分关心这个学生,总认为这个孩子以后会大有作为。就连王维克的夫人也极为喜爱这个学生,每次华罗庚到家里来,她都是热情款待、悉心呵护。

有一天,华罗庚到王维克家借书,他在书柜前漫无目的地翻看着,王维克见状,对他说:"知识是无边无际的,就像大海一样,要样样都深入掌握,精力不允许,最好是先集中精力钻研一种。做学问就好比挖井,只有认定目标,挖到深处,才能渗出清洌的泉水。如果漫无目的地东挖一锹,西挖一锹,是挖不出水的。做学问也是如此,朝三暮四、见异思迁的人是难有作为的。"在良师的循循善诱下,渐渐成熟懂事的华罗庚在数学上更加努力用功了。

当华罗庚的数学能力远远超出初中教学的范围时,王维克常对他说:"你不必考这个试了,因为考你的问题别人做不出,考别人的问题又不值得你费时间去做。我给你拟个论文题目,你回家去做吧,你的数学终归是 100 分,是第一。"就这样,在王维克的指导和鼓励下,华罗庚不断向数学更艰深的领域进发,逐渐展现出严密的逻辑推理能力和超人的学习能力。

有一次,王维克借给华罗庚一部美国的数学专著。他本以为华罗庚会钻研上一阵子,没想到华罗庚看了不到 10 天就还了回来。王维克不由得有些生气,批评华罗庚学习缺乏耐心,太过浮躁。可是,他接连提出几个问题,华罗庚都能对答如流,王维克十分震惊,这个学生果然是数学天才!

天才难免有自负才高的时候,幸好这时,华罗庚身边有这位明智的王维克老师。

一天放学后,华罗庚拿着一篇论文兴冲冲地找到王维克,得意扬扬地说这是他的新论文。王维克一看,文章竟然是对一个世界公认的、多年来未被解决的数学难题的解答。华罗庚本以为这次老师肯定会表扬自己,但是王维克在阅读后却严肃地批评了他。原来,华罗庚一心想要解决这个问题,所用的方法和定理表面上看虽然没有问题,实际上却经不起推敲。华罗庚认真听完老师的分析后,虚心地承认自己错了。王维克语重心长地说:"数学的门类有很多,你最好选择其中的一两种而专攻之,掘九井而不得泉,何如掘一井之为愈!你的野心不小。失败乃成功之母,如能孜孜不倦地研究下去,将来可望出人头地。我希望你不要急于求成,更不要灰心,要有坚忍不拔的毅力,用你的智慧和汗水去铸造钥匙,争取有一日把这些锁打开。"这段话深深地印在华罗庚的心里。在以后的学术研究中,他一直坚持专心、谨慎的态度。

可惜,王维克只在金坛中学教了一年书就去法国留学了,而华罗庚也即将毕业。但是,这对师生的亲密关系却一直延续到了校园之外。很多年后,当初的学生已经远远超过了老师的成就,但是华罗庚仍然感激王维克对自己的培育之恩。

1961 年 10 月,华罗庚在南京的数学工作者座谈会上见到了王维克的女儿。他异常激动地指着她向身边的同事、朋友介绍说:"她父亲是我数学成绩的第一个赏识者!我的这位中学老师不仅数学好,而且在物理、天文学方面造诣也很深,同时也是一位有成就的翻译家。"他对王维克的尊敬和感激之情溢于言表。

近代以来,全世界的科学技术都在以极快的速度向前发展:爱迪生发明了电灯、电影和留声机,居里夫人发现了镭,爱因斯坦发表了著名学说"相对论"……而东方的中国却陷入战火之中,经济萧条,列强入侵,教育事业更是无从发展。这个大环境下,有众多老师发现并帮助华罗庚发掘他的天分,给予他足够的鼓励和支持,不能不说是华罗庚生命里的启明星。识英雄于未遇之时,才是真正的伯乐。

5. 短暂的上海求学路

1925年,华罗庚以班级第二名的成绩从金坛中学毕业。尽管他作为家中独子,获得了姐姐所没有的学习机会,但是这个贫苦的家庭已无法支持他继续求学了。

面对初中毕业之后不得不辍学的现实,华罗庚恳求父亲:"阿爸,我初中毕了业,想考高中继续念书。"

华老祥一脸愁容地解释道:"儿子,不是阿爸不让你继续念,可是念了高中就得念大学,咱们这个小门小户的买卖人家,哪里供得起啊!"

母亲心疼儿子,就在旁边帮着说服华老祥让儿子继续念书。姐姐华莲青也哀告父亲:"阿爸,我可以多做手工活贴补家用。弟弟头脑灵敏,学习又用功,就让他再念几年书吧!"

华老祥何尝不想让儿子通过读书找到更好的出路,有朝一日飞黄腾达,带领这个家庭走出困境,过上好日子。但是,家中的状况着实让他力不从心。

恰在这时,一个亲戚给华老祥带来了好消息:黄炎培在上海创办了一所中华职业学校,招收寒门子弟进行职业训练,培养实用人才。为了减轻家里的负担,尽早出来工作,得知消息的华罗庚报考了上海中华职业学校,学习会计。虽然困难重重,华老祥还是送儿子去了上海。

进入中华职业学校接触会计后,华罗庚在数学方面有了很大的突破,他独有的方法——"直接法"在这一时期已经有了雏形,这也是华氏数学的独特风格所在。可惜,学校的数学老师对这个方法不仅不欣赏,反而认为这是华罗庚不好好学习的表现。

一天,数学老师下发批过的考试试卷,发到最后,他突然脸色一沉,声色俱厉地朝华罗庚喊道:"华罗庚,你为什么答错了?"原来,华罗庚在解答问题时,没有运用老师所教的方法,而是用了更简单的"直接法"。数学老师无法接受,为此足足训斥了华罗庚一刻钟,还骂他"大逆不道"。

华罗庚很不服气,辩解道:"老师,我这么做是有理由的!"

数学老师生气地说:"你还有理由了?来,你给我上来讲!"

于是,华罗庚理直气壮地走上讲台,向老师和同学演示了自己的解题方法。讲到最后,班里的大部分学生都认同华罗庚的方法,但数学老师仍然固执己见,认为华罗庚是在狡辩,他可不允许学生有任何创新或改变,只能按照他的方法来解答题目。这件事让华罗庚格外失落。

尽管如此,在上海的这段日子仍有很多值得回忆的事情。华罗庚曾在上海市珠算比赛中夺得第一名,也可以说是中国的第一届数学竞赛冠军。当时参加珠算比赛的大多是珠算经验丰富的银行职员或钱庄伙计，算盘对他们来说再熟悉不过了。华罗庚虽然在家里也经常用算盘帮父亲结算小店的账目，但是毕竟不能和业务熟练的专业人员相比。

于是，华罗庚就在自己最擅长的数学方法上寻找机会。经过分析传统的珠算方法，他发现珠算的加减法很难再加以简化，但乘法却可以，乘法的传统打法是"留头法"或"留尾法"，也就是先将乘法打上算盘，再做被乘数去乘；每用乘数的一位数乘被乘数，则在乘数中将该位数去掉；将乘数用完了，便得到了最后的答案。华罗庚想，如果将每次乘出的答数逐次加到算盘上，就可以省掉乘数打上算盘的时间。比如 43×7，先在算盘上打上 $4 \times 7 = 28$，再退一位，加上 $3 \times 7 = 21$，得出结果 301，仅用两个步骤便可以完成。除法也是一样，可以化为逐步相减来做，从而大大节省时间。正是这个小小的改变，使华罗庚在比赛中以高出别人数倍的计算速度获得胜利。

在上海还有一位让华罗庚难忘的人，他就是中华职业学校的英文老师邹韬奋。邹韬奋是有名的记者、出版家和政治家，也是革命时期著名的救国会"七君子"之一，他的"韬奋精神"是最具代表性的爱国精神之一。这位在社会上有深远影响的名人，也有自己独特的教育方法。

邹韬奋上课时喜欢采用"罚站教学法"。他经常向学生们提问，第一次答不出来就在座位上罚站，第二次再答不出来就要到讲台上罚站,如果第三次还是答不出来,就只能在教室前面面壁罚站了。这种巧用学生心理的方法让学生们极为不安,每次上英语课,大家都提前准备而且格外紧张。不过,这个方法非常有效,学生特别勤奋,包括在座位上罚站过一次的华罗庚。毕业时,华罗庚的英文成绩全班第二名。

后来,华罗庚教书时也采用过"罚站"这种教学方法。他对学生们说:"当你站在黑板前时,一定会把不明白的东西弄清楚,而且这些道理会深深地印在你的脑子里。"后来当了教员的华罗庚,完全明白了当年邹韬奋老师的用意,而且从这种方法中获益良多。因此,当他自己也站在讲台上的时候,就把这种道理传给了他的学生们。

在中华职业学校求学的日子有苦也有乐,但华罗庚也渐渐意识到,他在这里并不能学到更多的知识。就在这时,父亲来信告诉他,家里的杂货铺生意更加惨淡了,实在拿不出下学期50块的学费。

华罗庚明白,这次自己真的要辍学了。在上海这个纸醉金迷、纷繁复杂的地方,他,一个来自县城的少年根本找不到立足之地,加上没有人欣赏和支持他在数学上的探索,他感到十分失落和无奈。但是,他还有年迈的父母,有一直热心帮助他的王维克老师,所以他没有犹豫太久便决定退学。由于还剩一个学期没有读,他未能拿到毕业证书,就这样回到金坛,开始帮助父亲打理"乾生泰"的生意。

至此，华罗庚少年时代接受的较为正规的教育就结束了。但是，浅尝数学奥妙的华罗庚未曾停止学习，他在父亲的小杂货店中继续努力，钻研热爱的数学。他不曾抱怨，也不曾放弃，凭着一个后来为很多人瞧不起的初中文凭，开始朝着心中的数学天堂独自行进。

如今从华罗庚的经历中总结发现，无论是挫折还是困境，他都能够通过自己的努力和奋斗迈过一道道坎，最终走出困境。正如后来他自己所说，只有勤奋努力才能打败所有的困难，也只有勤奋努力才能取得所有的胜利！

在被公认为数学大师之后，华罗庚曾写过一本书，即《从孙子的"神奇妙算"谈起》。这本书是专为青少年写的，他在序言中写下这样一首诗：

神奇妙算古名词，师承前人沿用之。
神奇化易是坦道，易化神奇不足提。
妙算还从拙中来，愚公智叟两分开。
积久方显愚公智，发白才知智叟呆。
埋头苦干是第一，熟练生出百巧来。
勤能补拙是良训，一分辛劳一分才。

这首诗不仅是华罗庚对自己求学研究之路的回顾，更是对青少年的谆谆教诲。他对勤奋和努力的推崇，值得后人深思并学习。

6. 刻苦自学的"罗呆子"

结束在上海中华职业学校的学业后，1927年，华罗庚辍学回到金坛。此后，这个在求学道路上历经坎坷的少年，开始了为生计而奔波忙碌的生活。

当他背着简单的行李回到家中时，脸上是掩饰不住的沮丧神情。"怎么办呢？难道就这样平庸地过一辈子吗？"他在心里反复问自己。华老祥见儿子一脸愁苦，趁机说道："我老了，不中用了，你回来得正好，往后你就守着这个店，不要再胡思乱想，到处求什么学了，咱们这鸡窝里怎么会飞出金凤凰！"

对华老祥来说，儿子长大成人，可以帮他挑起这个家的重担了。他想劝儿子安分守己，守着这个小家安稳度日，可他又怎么能理解华罗庚心中的抱负呢？

自从华罗庚按照父亲的要求开始照看"乾生泰"小店之后，华老祥便不再过问店里的事情，每天到附近的一家小茶馆喝茶聊天，和街坊邻居聊聊家常，打发时间。

每天早晨天还未亮，华罗庚就默默起床，把店里的门板一块块卸下来，准备迎接客人。早晨的街道上行人稀少，店里的生意更是冷清，但华罗庚还是一丝不苟地扫地、擦桌子、抹柜台、摆东西，然后静静地等着顾客上门。

后来回忆起这段往事，华罗庚不无伤感地说："那正是我应当受教育的年月，但是一个'穷'字剥夺了我的梦想。在西北风口上，擦着清水鼻涕，一双草鞋一支烟，一把灯草一根针地为了活命而挣扎。"

　　在这段为活命而挣扎的日子里，华罗庚每天看店，晚上要守到七八点才能闭门谢客。打烊以后，他开始结算一天的收支，这些账目对他来说十分简单，10分钟不到就能算得清清楚楚。

　　这段时间，他也没有压抑自己对数学的热爱，想到王维克等老师对他寄予的厚望，他决心不向命运屈服。

　　当时华罗庚只有一本《大代数》、一本《解析几何》，还有一本只有几十页的《微积分》小册子。这么可怜的几本书，还是他从王维克那里借来的。但就是凭着这三本书，他开始了艰难而神奇的自学之路。

　　白天在小店里站柜台的时候，华罗庚总是利用没有顾客的间隙抓紧看书。由于生意冷清，他有了很多空闲，但是一家人的生活毕竟还需要靠这门生意来维持，因此他也常常为此愁苦不堪。

　　很多儿时的伙伴或者一起念过书的同学偶尔从小店门前经过，他们骄傲的神情总会隐隐刺痛为梦想而苦苦挣扎的华罗庚。华罗庚从别人那里得知，这些人有的上了大学，有的谋了份好工作，现在都不再为生活发愁了。他心里并不羡慕他们有多么富裕，只是羡慕他们不用因为穷困而放弃梦想，羡慕他们可以坚持自己的抱负。但是现实毕竟是现实，华罗庚不断地安慰自己，以后生活一定会有所改观。他看了看手里的数学书，又充满了信心。

冬天的小店里寒风穿堂而过，华罗庚被冻得直流鼻涕，他缩着手，为顾客们从货架上拿下一件件商品，等顾客满意地走后，又埋头研究数学。没有书，他遇到问题就自己想，问题总能被解决；没有纸，他就用店里卖棉花的包装纸来演算、记录。一个个数学难题被他攻克，而邻居们眼里的"罗呆子"更呆了，有时候算题入了迷，一不小心就过了打烊关门的时间，空荡荡的街上只剩下"乾生泰"店中还有忽闪如豆的烛光。而专心演算的华罗庚竟丝毫没有察觉。

晚上小店关门是华罗庚最开心的时候，因为他终于迎来自由学习的时间。他收拾好小店，胡乱吃点东西，就打开数学书继续钻研。他那个用木板搭成的小卧室里，只有一张板床、一盏小油灯、几本书。小木板房实在太简陋了，既避不了寒也消不了暑，但是华罗庚从不在乎这些。严寒逼人，他蜷缩在这个四面透风的屋里，被冻得瑟瑟发抖，但拿笔的手即使冻麻了也从未停止，有时即便盖着薄被他也感觉不到被完全冻僵了的双脚，就是发现了，他也丝毫不在乎，只是用手搓一搓；酷暑难耐，他坐在这个像蒸笼一样闷热的小屋里，认真演算思考，汗水如注，但依旧浇不灭他的热情。

就是这样，在失学的日子里，华罗庚每天坚持自学十几个小时，一年365天从未间断。往往在困极了的时候蜷着身子睡上几个小时，有时候甚至在梦里，突然想到一道题目的解决方法，他也立马兴奋地爬起来，又全身心地投入到学习中。

"乾生泰"店地处县城比较热闹的青河桥下，附近的店面比较多，它的对面就有几家豆腐店和布店。因为做豆腐的工序复杂，每天天还没亮，豆腐店的主人就早早起来准备。这时他总能看到对面华家的灯光已经亮起，灯光下正是痴迷的华罗庚在读书学习。布店的人也经常看见华罗庚坐在柜台后面，聚精会神地阅读书籍，手里还拿着笔不时地涂涂写写，对街面上和河里的往来嘈杂之声充耳不闻。

当时金坛还没有图书馆，家里有书的人家也不多，而且华罗庚想看的又都是乡里人眼中的"天书"，因此他想借到合适的书可谓难上加难。好在有王维克老师的关心与帮助，他的自学依然艰难地维持着。每次费尽心思借到一本书后，他便如饥似渴地阅读。每看一本书，他都把书中的内容钻研得非常透彻，这样才不枉花费那么多精力去借书。一段时间下来，他不仅学到很多知识，而且自创了一套学习方法，对他后来的学习和科研有很大帮助。

看到华罗庚这样废寝忘食地读书，母亲十分心疼，她对华罗庚说："罗罗啊，咱们是'穿木裙子'的（指站柜台,那时的柜台都是木板做的,因此远远看去,站在柜台里头的人就像穿了一件木头裙子),不是什么书香门第的斯文人,你呀,还是省省这些灯油,顾顾咱们吃饭的吧!"华老祥看着不为所动的儿子,逐渐失去了耐心,他虽又气又急,却拿这个被人称为"呆子"的儿子没办法。

华罗庚有时因为看书太过痴迷,忘了要做生意,甚至犯下一些错误。一天,一位顾客来买线,问华罗庚价钱,当时华罗庚正在演算一道数学题目,他不假思索地把题目的答案当成价格说了出来:"八十五万三千七百二十九!"顾客吓了一跳,连连惊呼:"你这是什么线啊,哪能这么贵!"坐在里面的华老祥听到他们的对话,急忙走出来,刚想向顾客解释,只见顾客已经转身走了。好不容易来笔生意却被搅黄了,华老祥训斥了华罗庚一顿。

当时沉浸在数学世界里的华罗庚待了一会之后才意识到自己刚才的错误。但是,他并没有因为父亲的训斥"知错就改"。面对周围众多不理解的声音,他宁神静气地继续打理杂货店的生意,同时依然利用间隙继续自学的步伐,在数学这条看不见尽头的道路上越走越远。

将儿子的表现看在眼里的华老祥实在忍受不了了。华罗庚看店时总是心不在焉,不管什么时候见到他,他都在入迷地演算数学问题。有时顾客来买东西,他也顾不上招呼;有时顾客要买棉花,他竟然递过去一团灯草;有时顾客来买烟,他拿出一盒火柴,看都不看就递给顾客……买东西的人大多是本地百姓，看到小时候的皮小子罗罗如今像着了魔一样，纷纷为此叹息不已。渐渐地，华罗庚的这些"呆"行为在人们眼里变得不足为奇，金坛人都知道华家出了个"罗呆子"。

有一次，华罗庚正在聚精会神地解算题目，一位顾客来买东西，他算账的时候心不在焉，竟然多找给对方一块银元！对于穷困的华家来说，一块银元够他们吃用一段时间。等华罗庚反应过来的时候，顾客已经走远不见了。华罗庚只好硬着头皮跟父亲说了实话，华老祥一听差点昏厥过去，拍着华罗庚的背喊道："说你呆你还真是个呆子，愣在这里干什么，赶紧给我追去啊！"华罗庚急忙去追，可是哪里还追得上呢？

这件事以后，华老祥下定决心不再让华罗庚继续看书了。只要看到儿子在看书，他就上去抢夺，夺过来二话不说就要烧。华罗庚用来演算的草稿纸，也被撕得七零八落，或者被直接扔到街上。每次遇到这种情况，华罗庚就和父亲抢夺那些草稿纸，有时甚至因为父亲毁了他视若珍宝的草稿纸，急得边跺脚边落泪。后来，华罗庚只能把书藏在非常隐秘的地方。为了不被发现，他只在父亲不在的时候，才敢拿出书来读一读，只是他每次一读书便会入迷，以至于小店里总是吵闹不断。

据华罗庚的邻居讲，有一次华家隔壁的一户人家失火，华罗庚二话不说就跑到自家的阁楼上，拼命抢救他的稿纸和书本。大家都急得要命，不断指责这个呆子为了数学真是不要命了！

　　华罗庚出名以后，西方有人画了一幅漫画，画面中，华罗庚小心翼翼地抱着一堆残破的书，被手拿烧火棍的父亲追得满屋子乱窜，华老祥威胁儿子要把他的书全部扔到炉子里去。这幅漫画现在看来很是可笑，却生动地反映了当初华罗庚艰辛苦涩的自学经历和他那段不平凡的青少年时光。

　　世界上的很多事情正是如此，一个人遇到的阻碍越难克服，他迎难而上的动力就越足，战胜这些阻力的决心和信念也就越强烈。就像后来华罗庚参观黄河时说的一样："人说不到黄河不死心，我说到了黄河志更高。"他这种不服输的坚定志向正是在少年自学的困境中越挫越勇。

　　后来发生的两件事，使华老祥渐渐改变了对儿子的看法，不再干涉儿子读书。有一天，华老祥在茶馆喝茶时突然掉了一颗牙。在当地，"牙齿"的发音与"儿子"相似，这让一向迷信的华老祥有些担忧。回家后，他对妻子说："我今天突然掉了一颗牙，这不是什么好兆头，难道咱家罗罗会出什么事？"华罗庚的母亲含着泪说："你整天烧他的书，吓唬他，孩子现在跟惊弓之鸟一样。哪天万一他有个三长两短，往后的日子也没法过了！"华老祥终于妥协，答应妻子以后不再烧儿子的书。

　　另一件事发生在收蚕丝的季节。一天，华罗庚跟随父亲到金坛的茧场去给人盘点蚕茧。父子俩到现场一看，白花花的蚕茧堆满了整个院子。他们一盘盘地称量这些蚕茧，足足干了一天一夜，华罗庚累得腰酸背痛，直接睡倒在蚕场里。迷迷糊糊中，他被一阵烟雾呛醒了，睁开眼睛一看，屋子里跪着很多人，还有人在不住地磕头。他急忙问父亲出了什么事，华老祥满脸愁容地说道："账目对不上，差了1000多块呢，这让我们怎么赔得起啊！"

这时，蚕场的老板让大家先去吃饭，吃完再慢慢研究这笔账。华罗庚和父亲说明后留了下来，说服老板让他看一遍账本。等大家吃完饭回来，华罗庚正好把账本合上，说："账目已经算好了，一分钱不差！"蚕场老板不相信，又仔仔细细地重新算了一遍，果然和华罗庚说的一模一样。大家惊奇地说："没想到罗呆子竟然是个活算盘啊！以后再遇到这种事，还得找你啊！"听着大家由衷的称赞，华罗庚不好意思地挠挠头笑了。

站在一边的华老祥见状，心里像打翻了蜜罐一样甜，原来儿子读了那么多"天书"确实有用啊！想到自己曾经那么严酷地阻挠儿子读书，还烧了儿子很多珍贵的草稿纸，他心里一阵内疚，决定以后不再阻止儿子自学了。

就这样，华罗庚又可以比较自由地学习数学了。对他来说，自学数学是一条艰难的道路，这条路到底通向何方，连他自己也不知道。但是，凭着一腔热情和一种信念，他坚毅地走上这条路，并一步步踏实地往前走。在这过程中，他明白了学习是一个积累的过程，是把书上的知识化为自己智慧的过程。他花了5年的时间和数不清的心血及汗水，一点点地完成了高中三年和大学初级数学的全部课程，为后来独立研究数学问题打下坚实的基础。

华罗庚后来在回忆时说，学习就像爬梯子，必须一步步地费力爬才能往上进步，要想一步登天，必然会摔跟头。当然，华罗庚的自学过程也不是一帆风顺的，有时他也会因为困难而急躁，因为取得了成绩而骄傲，但是，这些心态所引发的结果，就只有他自己品尝了。渐渐地，在经历了自学中小有成就和多绕弯路的双重体验后，他明白了王维克老师所说的"做学问是一个循序渐进、持之以恒的过程"的真正含义。

这段有苦有乐的自学经历，让我们看到一代数学大师长期与命运斗争的艰难过程；让我们看到在光鲜与荣誉背后，那些常人难以想象的困难和挫折。但正是这些艰苦岁月磨砺了华罗庚，使他具备成为大师的品质和能力，帮助他养成了良好的学习和生活习惯。即使是在成名以后，每当开会或者工作之余，哪怕只有些许时间，华罗庚也会充分利用，或阅读文章，或解决疑难问题。

这段珍贵而略带传奇色彩的自学经历，在华罗庚的人生道路上发挥了至关重要的作用，也让人们直观地感悟到"梅花香自苦寒来"的古训。华罗庚在总结自己成功的经验时曾这样说：

在人的一生中，进学校读书，有老师指导当然很好，但是时间总是有限的；而不在学校里读书，自学的时间却是经常的。有书可以查阅，能查到自己需要的东西不是经常的；需要经过自己加工，或是灵活运用书本上的知识，或是创造出书本上没有的知识，这倒是比较经常的。成功是不经常的，失败倒是经常的……因为"穷"，我被迫离开了学校，完全凭自己摸索着学知识，我就必须付出比别人多得多的代价，血和汗的代价，才能学会驾驭知识的本领。

第二章　人间苦乐

　　华罗庚和全力支持他的吴筱元结婚了，夫妻俩一起经历了很多风风雨雨，始终相敬如宾。艰苦的生活环境、大病的折磨一直困扰着华罗庚，所幸金子迟早是要发光的，他的一些重要观点开始受到数学界的关注。

1. 最深情的陪伴

1927年，华罗庚与吴筱元结为连理。吴筱元也是金坛县人，她的父亲曾经在保定陆军军官学校读书，在她5岁时不幸去世，从此家里的境况更加困难。吴筱元曾就读于金坛成中女子小学，是华罗庚的姐姐华莲青的同班同学。

华罗庚与吴筱元结婚时，新房里只有一张木床、两个不大的木箱子、一张方桌、一个勉强像样的梳妆台，这些就是他们的全部家当。

华罗庚后来与朋友谈及自己的婚姻，总说他与妻子是"门当户对"。在别人看来，这个"门当户对"显然是指华、吴两家都家境贫寒，但华罗庚认为这是"只知其一，不知其二"，他解释说："我是初中毕业，筱元是小学毕业，是不是可以说门当户对？"他们的婚姻属于旧式的包办婚姻，结婚之前两人并不相识，但是他们仍然相爱相守

第二章 人间苦乐

了一生，彼此扶持，一起品尝了人生的苦辣酸甜。1928年，他们迎来人生中的第一个女儿，取名华顺；1931年又生下一个儿子，叫华俊东。

吴筱元是位端庄贤惠的女子，把自己的一生都献给了子女和丈夫。她虽然读书不多，却通情达理，很有家教。在最贫困的岁月里，她始终陪伴在华罗庚身边，帮助他照顾家庭和儿女。即使华罗庚成名后，每逢单独外出时，她也从来不坐公家配给华罗庚的专用车，而是乘坐公共汽车。在中国数学界，她是很受人尊敬的女士。

华罗庚某次提到妻子时，曾动情地说："她是无名英雄，她的作用很大，我的整个工作是跟她分不开的……自从我俩结婚以后，同甘共苦地度过了许多年，没有她担负起教育子女和琐碎的家庭劳务，我就不能全心致力于科学研究工作，也就不会有今天的成就。"

婚后不久，华罗庚身染伤寒疫病，险些丧命。在此期间，吴筱元既要喂养刚出生的长女，又要侍候年迈的公婆，还要求医问药，为丈夫医治伤病。她始终陪伴在华罗庚身边，无微不至地看护着丈夫。在她日日夜夜的细心照料下，华罗庚奇迹般地活下来并逐渐康复，继续他热爱的数学事业。摆脱了病痛的华罗庚也更加疼爱妻子。据他们的儿女回忆，有一次，华罗庚看到有孕在身的妻子显得极为疲惫，便自告奋勇要为妻子煮些粥喝。可是，他实在不擅长家务活，本想煮一锅粥，后来却变成了一锅干米饭，让全家人哭笑不得。

在抗日战争最困难的时期，吃饱饭成了华罗庚一家人最大的愿望。当时华罗庚所在的西南联大物资奇缺，生存条件十分恶劣。这个时候，为了照顾好华罗庚和子女们，减少华罗庚的后顾之忧，吴筱元想尽办法，她甚至不惜典卖衣物换取米粮，还在住处附近的空地上辟出一块小菜园，种了些家常蔬菜。她的苦心经营使华罗庚在最困难的时期也能够全身心投入到工作和研究中去。

新中国成立以后，华罗庚应国家的要求，到各地去推广先进数学理论与运算方法。不管他走到哪里，妻子的关心始终陪伴在他身边，那一封封书信真实地流露着他们对彼此的关怀。这些书信是小女儿华密在整理父母遗物时发现的。

华罗庚在 1974 年 11 月 1 日给妻子的信中，有这样一段话："今天 12 时多安抵洛阳，在车上发现包中有糖，还是一盒鹿茸糖。你的关心，感动了我。"在 1977 年 3 月 12 日的信中，华罗庚叮嘱道："现趁斐定一同志来送重要公文之便带上丝棉被絮一条及山萸肉一包，都是买来的。特别是山萸肉，可能学名是山茱萸肉，对你的健康合适，可以泡水，常喝。"信中提到的斐定一是华罗庚的学生，华罗庚请他帮忙带去的除了生活用品外，更是一位丈夫对妻子的关心。尽管信中的话语都是与生活息息相关的质朴语言，但其中包含的浓浓爱意和细心关怀却是真挚深沉的。

2. 乐观面对磨难

华罗庚结婚两年后，即1929年，王维克从上海中国公学辞职后回到金坛，担任金坛中学的校长。上任后，他发现学校的一名会计、一名庶务员和一名事务主任玩忽职守，便将他们解雇了，然后让失学在家、打理小杂货店的华罗庚来担任会计兼庶务员。这样一来，华罗庚不仅有了一份比较安稳的工作，而且有更多的机会学习了。

当时的金坛中学非常小，只有3个班，两间屋子充当教室，初二和初三合并在一起上课。教员们总是先给初三的学生上半节课，再给初二的学生上半节课。华罗庚的工作是打铃、打扫卫生、发放教学用品，还负责记账、领款、发款、核算成绩单等。他每月的工资为18块大洋，这对贫困的华家无疑是雪中送炭，全家人都喜出望外。

华罗庚在金坛中学勤恳认真地工作，空余时间则努力学习，每当遇到难题，他便向王维克请教，并一起讨论。这种能够自由学习的生活是华罗庚之前梦寐以求的，如今梦想实现，他便迫不及待、如饥似渴地学习。

不久，王维克见华罗庚大有长进，打算让他去给初中班补习数学。然而名单报到县教育局后，却遭到拒绝，理由是一个初中毕业生没有资格当教员。王维克在教育局局长面前据理力争，但无济于事。

这时，华家也跌入悲伤的深渊，先是华罗庚的母亲因积劳成疾而去世。祸不单行，瘟疫很快又开始在金坛县城肆虐起来，人们病的病、死的死，古朴祥和的金坛一下子笼罩在悲惨的阴云里。华罗庚这次也没能幸免，他人生中第一场残酷的劫难悄然降临。

这天，华罗庚从学校回到家里，恰好是腊月二十三"送灶神"的日子。他和往常一样吃了晚饭后便捧起书，没一会儿就浑身发冷，倒在了床上。吴筱元见丈夫这副模样，吓得赶紧过来照顾。她用手摸了摸丈夫的额头，没想到额头竟像烧红的铁块一样烫手，此时的华罗庚逐渐失去意识，这下全家人都乱作一团。当时金坛的疫病已经"非常流行"，华罗庚的症状表明他也染上了瘟疫！突如其来的高烧，让吴筱元一阵绝望，难道自己就要这样失去丈夫吗？

病床上的华罗庚不再清醒，昏迷中开始说胡话，他的姐姐守在病床旁边抽泣，吴筱元则里里外外地忙着照顾。悲苦的华老祥束手无策，只能一遍遍求神拜佛，祈求神仙保佑自己的独子平安度过这一劫。金坛的土郎中来给华罗庚看病，一见高烧昏迷不醒的病人，除了摇头，别无他法。华家上下都不愿接受这个现实，他们想，拼死也要救活华罗庚。

但金坛没有医术高超的医生，他们只能花钱到苏州去请。当时到大城市请一次大夫要花4块大洋，家人为了救华罗庚几乎当掉了所有值钱的东西。为了买药、请医生，吴筱元甚至连结婚时的嫁妆也一并送到了当铺。但是，重病的华罗庚仍然昏昏沉沉地躺在病床上，气息微弱，生机渺茫。时间一天天过去了，华罗庚的病却不见起色，吴筱元每天尽心照顾华罗庚的同时总是偷偷地以泪洗面，华老祥和华莲青更是绝望地不住叹息。

年仅19岁的华罗庚，经历了那么多挫折，难道会因为这次重病而夭折吗？他曾经那样不愿屈服于命运，难道这次就甘愿屈服在瘟疫的魔爪下吗？昏迷中的华罗庚虽然已是气若游丝，但他始终坚持着一口气。也正是这口顽强求生的气让他等来生命重新焕发光彩的那一刻。

吴筱元坚信华罗庚会好起来。但是，所有医生都对华罗庚的康复不抱任何希望了："不用下药了，他想吃点什么就给他吃点什么吧！"听到这话，父亲和姐姐都痛哭流涕，不愿失去这个最爱的亲人。

"不，不能就这样放弃，我一定会救活他的！就算只有一线希望，我也会想办法救活他！"吴筱元坚定地说。她要用一个妻子坚韧而执着的爱，把丈夫从死神的手里抢回来！

吴筱元把刚出生的女儿送到母亲那里，全身心地投入到对丈夫的照料中。当一个医生手足无措时，她就再请另一个医生，生活开始在当铺、药铺到病床之间重复，仅有的一点嫁妆全被典当光了。她每天煎药熬汤、喂饭喂药，为家中大小琐事奔波忙碌。

日子一天天过去，华罗庚始终躺在病床上，意识模糊。有一天，他隐约听到了熟悉的王维克老师的声音。

"王老师，您还是回去吧，小心传染。"吴筱元的声音里充满了感激和关切。

"没事的，你不也在这儿照顾他吗？罗庚怎么样了？"王维克不无担心地问道。

原来是王维克来探望华罗庚，他非常关心这个下属和学生，甚至不顾自己可能被染上瘟疫的危险。华罗庚虽然尚未恢复意识，但他知道王校长来看自己了。

王维克安慰了吴筱元，又担心地看着病床上的华罗庚。吴筱元感激得不知道说什么才好。

后来，王维克也不幸患上伤寒，卧床不起。华家人因此觉得十分愧疚。

华罗庚在病床上躺了足足有半年之久，在这个艰难的过程中，吴筱元始终不离不弃地照顾他。因为久卧在床，华罗庚的身上长起了褥疮。吴筱元先给他擦洗身子，再给他敷药。在她无微不至的照料下，华罗庚的病日渐好了起来。

即使病中，华罗庚也不忘向妻子打听："上海来信了吗？""没有。"原来，生病以前，华罗庚向上海的《科学》杂志投过一篇论文，他一直关心论文的内容能否得到认可

第二章 人间苦乐

和支持。

寒冬终于过去,春意慢慢地在这片古老的土地上苏醒起来,从鬼门关前挣扎回来的华罗庚终于可以下床活动了。可是,残酷的现实还是给了他重重的一击。他刚刚下床,就因为双腿无法支撑身体而跪倒在床边。随即,他绝望地发现自己的腿竟然不听使唤了!他痛苦地呼喊着,不明白命运为什么要这样一次次地折磨他,让他痛苦。

看到丈夫痛苦的模样,吴筱元只能忍着悲痛安慰他:"没关系,保住命就是最幸运的事。咱们准备一个拐杖,拄着它照样能走路!"生病期间,由于病菌侵入了关节,造成左腿关节粘连变形,年纪轻轻的华罗庚变成了一个残疾人!从此,他走起路来总是左腿先划一个小圈,右腿再迈出一小步,有人看到他走路的模样,还嘲笑他是"圆规和直线"。

暴风雨过后,生活还需继续。父亲的愁容、妻子的叹息、女儿的啼哭,都在时刻提醒华罗庚不能再这样消沉下去,他是这个家的"顶梁柱",即使手拄拐杖,他也必须站起来。但是,那个时候连一个正常人都难以找到工作,更别提他这个不能做体力劳动的残疾人了。无奈之下,他想去看看金坛中学的工作还能不能继续做下去。

华罗庚一走到街上,人们纷纷投来异样的目光。大家七嘴八舌地议论着:"瞧,这就是华家的儿子呀,年纪轻轻的,怎么变成了这个样子,以后的日子该怎么过呀!"

华罗庚听着街坊四邻的议论声，强忍着泪水往前走。他才19岁，以后的人生还很漫长，要如何拖着这双病腿走好以后的漫漫人生路呢？

　　在这段最困难的时期，还有一个人没有抛弃他，这个人就是王维克。

　　华罗庚病残后，王维克不仅欢迎他继续做原来的工作，还委派他教初一补习班的数学。这样一来，便招引了学校里一些职员的忌恨。所以，华罗庚在金坛中学补习班教了一年书后，有人把王维克告到教育局，说他任用"不合格"的教员。幸好教育局局长事先调查了前因后果，批示说："学生焉得为私人，受控各节，大致类此，不准。"王维克曾经到法国留学，受法国自由主义影响，对中国官场派系的倾轧十分痛恨。他一怒之下，辞职离开金坛中学，到湖南大学教书去了。

　　在当时的社会，会计跟着校长走，校长若是辞职离开，会计也找个理由随行而去。华罗庚再次面临失业的危险。幸运的是，继任校长是金坛中学的老校长韩大受。他一向很器重华罗庚，于是让华罗庚留下来继续做会计："若是别人做校长，大概会带会计来，我就不带了，你继续干吧。不过书是万万不能再教了，前一任就是因为让你教课才被告的。"

　　华罗庚感激韩大受让他留下来继续工作，对于韩大受的恩情，他始终念念不忘。

第二章 人间苦乐

　　不管怎样，生活重新有了着落，而只要生活还过得去，华罗庚就有机会继续钻研数学。"我要用健全的头脑，补足不健全的双腿！"这是他对自己许下的誓言，也是在向命运宣告，他不屈服！

　　回到金坛中学工作后，华罗庚每天都要拖着病腿忙碌一整天。晚上，回到家中，他还要继续钻研数学，这时，伤残的双腿总是让他疼痛难忍。但是，只要一开始演算数学题目，他就什么都忘了，整个人都沉浸在神奇的题目中，忘记病痛的折磨，忘记生活的艰难，也忘记前路多么曲折和漫长。

　　吴筱元看到丈夫如此痴迷于数学，既欣慰又着急。欣慰的是丈夫终于从消沉中走出来，勇敢地追求梦想；着急的是他的病体刚刚痊愈，双腿依然令他疼痛难忍，该怎样缓解呢？这时家中大小琐事又压在了她瘦弱的肩膀上，但是善解人意的她从来没有阻止丈夫研究数学，而是尽可能地提供便利条件保证丈夫能安心工作。她始终是丈夫身边最忠实的守护人。

　　对于自己身体上的残疾，华罗庚由最初的痛苦到慢慢接受，并不时地调侃几句。有一次他去同乡家做客，进门就高喊："班船来喽！""班船"是金坛人对送信送货的小船的戏称。当时送信送货的人都会摇着橹，驾着一只小船从城中的河里经过，因为船很小，前行时船会左右摇摆不定。华罗庚用"班船"来形容自己走路的模样，引得在场之人哈哈大笑。华罗庚对自己"肢体问题"的乐观和豁然让周围充满了欢乐,人们不再用特殊的眼光看待他,他仍然是那个让人喜欢的罗罗。

就这样,生活暂时稳定下来,华罗庚在金坛中学一边工作一边钻研数学。

或许当时华罗庚身边的人都只是想着,以后残疾的华罗庚要是能够稳稳当当地有份工作,养活自己、养活家庭就很好了。谁也没有想到,这个有腿疾的青年在经过不懈的努力后,取得了震惊世界的成就。

华罗庚是伟大的,他不仅在学术上做出巨大的贡献,他那坚强的品质和惊人的毅力,更是赢得了世人的尊敬。贝多芬曾说:"我要扼住命运的咽喉!"而华罗庚用自己的行动践行了这句话。他从未轻言放弃,即使命运不断地带给他痛苦,他依然神情泰然地向前徐行。

3. 数学界初露锋芒

华罗庚的第一篇学术论文《Sturm 氏定理的研究》,发表在 1929 年 12 月份上海《科学》杂志第 14 卷第 14 期上。在这篇论文中,华罗庚尝试发表自己对于数学重大问题的看法。他投稿之后,翘首盼望杂志社给他回信,毕竟只有将论文发表在有影响力的杂志上,他的才能才会得到认可和肯定。事实证明，他的第一次尝试成功了。

华罗庚的名字被一些数学权威所关注，是从他另一篇闻名于世的论文开始的。这还要从苏家驹发表的一篇论文说起。1926年，苏家驹在上海《学艺》杂志第7卷第10期上发表了《代数的五次方程式之解法》的论文。这篇论文提出了对一个重大数学问题的证明。那就是，二次代数方程的解可以由其系数的四则及根式运算来表示；三次及四次代数方程的解，也可以由其系数的四则及根式运算来表示。所以，数学家们一直想要证明一般的五次代数方程的解，也可以由其系数的四则与根式运算来表示。但是在100多年前，这个问题就被著名挪威数学家阿贝尔确定是不可证明的，而苏家驹宣称找到了将五次代数方程的解由其系数的四则与根式运算表示出来的方法，这个结果显然与阿贝尔的理论相互矛盾。

苏家驹当然也知道阿贝尔定理，但他认为通过自己的证明方法可以突破阿贝尔的局限。他的论文发表之后，在数学界引起了巨大震动。对于苏家驹的方法，人们纷纷讨论到底正不正确。很多人赞同这种方法，但也有些人看出了其中的破绽，只是没有人公开发表反对意见，所以很长一段时间，苏家驹的观点几乎得到人们的默认。

作为一个执着于追求数学真理的人，华罗庚知道对于研究数学的人来说，一个不完美的方法或者是有问题的方法，总是存在漏洞的，经不起仔细推敲。但他又觉得，自己只是一个无名之辈，怎能不自量力地去反驳一位大名鼎鼎的教授呢？他带着心中的顾虑，去征求王维克的意见。王维克鼓励他："你当然可以发表自己的看法，人非圣贤，孰能无过。况且，你只是提出不同的学术意见，就数学问题进行探讨。不经过反复论证，真理将永远被掩盖。"于是，不足20岁的华罗庚鼓起勇气，决心说出自己的观点。

华罗庚整理好思路后，撰写了一篇《苏家驹之代数的五次方程式解法不能成立之理由》的论文，发表在1930年12月出版的《科学》杂志第15卷第2期上。

不赞同苏家驹立论的人看到华罗庚这篇文章后，仿佛遇到了知己，很快产生了共鸣，同时也记住了"华罗庚"这个名字。

其实，通过自己的研究指出前人的错误，在学术界并不罕见，但是华罗庚不仅敢于指出前人的错误，更敢于在公众面前承认自己的错误。在序言中，华罗庚说明了自己证明苏家驹方法不能成立的理由和经过，但同时也证明了自己所证明的"代数的六次方程式之解法"的错误，这种治学的严谨受到当时人们的敬重，也值得我们学习。

华罗庚的初露锋芒是水到渠成的必然结果。持续5年多的自学历程，使华罗庚掌握了丰富的数学知识，这些知识已经远远超出了当时普通的数学教育教授给学生的范围。正如华罗庚所说，自学的经历给了他更多研究上的自由和选择，也使他养成了自己探索问题、解决问题的习惯。

第二章 人间苦乐

华罗庚发表论文时还有一个想法，就是要为祖国做些贡献。他想，如果自己能在数学上做出些成绩，也是对祖国的报答。他对祖国的深爱之情，在少年时期已经有所表现。

华罗庚从上海中华职业学校辍学回到金坛时，正值轰轰烈烈的北伐战争进行之时。常年处于军阀黑暗统治下的中国人民，希望这场战争能够带给他们一点生存的希望。金坛很早就有了中国共产党的组织和党员。在上海开阔了视野的华罗庚希望在先进人士的带领下，万马齐喑的国家能逐渐走向光明。他并不看重党派之别，认为只要是能够真正解救中国、解救中国老百姓的政党，就是好的政党。但在北伐战争时期，中国共产党的力量还不够强大，很多百姓受官方影响，认为与共产党人接触，是一件很危险的事情。而华罗庚却不以为然，他与共产党人交流，听取他们对于救国救民的意见。他后来回忆说："母校原来有两个党员，一个叫王时风，一个叫钱祝华，后来改名钱闻。他们都是积极从事教育工作的，我与他们都很好，接触很频繁。当时有个亲戚对我说'你要小心啊！他们是共产党啊'。"

华罗庚在金坛中学读书时的校长韩大受，也是一位积极参与政治活动的开明人士。当北伐军到达金坛时，韩大受公开表示拥护孙中山先生"联俄、联共、扶助农工"的政策，并与当时国民党的组织有过一些联系。华罗庚在他的影响下加入了国民党。他原想通过加入国民党,为救国救民做些力所能及的事情,却目睹国民党一天天地变质腐败下去。后来,他再也没有提起自己曾经加入国民党的事情。

在时局动荡的情况下,华罗庚转向把一腔爱国热情投入对数学的钻研之中。后来的事实证明,华罗庚在科研领域以及生产领域对国家做出了重大贡献。

第三章 千里马与伯乐

伯乐发现千里马后,更重要的是引导和培养千里马。发表论文后,渐有声名的华罗庚幸运地遇到了他的伯乐,也正是在这些伯乐的支持、鼓舞下,他的数学人生开始步入正轨。

1. 熊庆来慧眼识珠

华罗庚在杂志上发表文章《苏家驹之代数的五次方程式解法不能成立之理由》后,很快引起了一个人的关注,他就是著名数学家熊庆来。

熊庆来于1893年出生在云南省弥勒县(今弥勒市),字迪之。1907年,他考入云南高等学堂,即昆明方言学堂,后又考入云南英法文专修科,修读法文。1913年,他参加云南省留学生考试,以全校第三的成绩被录取,同年6月赴比利时包芒学院就读预科,学习采矿专业。可惜,不久就爆发了第一次世界大战,他只得放弃学业,几经辗转,经荷兰、英国前往法国,中途又不幸感染了严重的肺病。他的求学经历可谓充满艰辛。到达法国巴黎后,熊庆来进入圣路易中学,读数学专修科。1915年,他先后入格洛诺布尔大学、巴黎大学、蒙彼利埃大学、马赛大学读书,获得了理科硕士学位。他在法国读书时用法文撰写的《关于无穷级的整函数及亚函数》让整个数学界大为震惊,这也是他学术上的代表作。

1921年春,熊庆来学成归国,先后在云南甲种工业学校、东南大学、南京高等师范大学、西北大学、清华大学任职,致力于培养数学人才,为我国数学事业的发展做出了不可磨灭的贡献。他曾经说过,他生平最大的乐趣就是培养年轻人。数学家许宝騄、段学复、庄圻泰,物理学家严济慈、赵忠尧、钱三强、赵九章,化学家柳大纲等都曾受过他的教诲。1926年,熊庆来被清华大学聘任为数学系教授,两年后成为数学系主任。

当时中国的教育事业很不发达,几乎没有现成的教科书。熊庆来回国后,自己编写讲义,亲自上课、批改作业。他诲人不倦的精神给同事和学生们留下了深刻印象,使他们有了精神上的坐标和学习的榜样。

熊庆来还和竺可桢等人成立了中国科学社,创办《科学》杂志,主要刊登一些具有重大科学意义的论文。华罗庚生病之前,就向上海这家《科学》杂志投过一篇论文,以后又陆续投寄很多论文。正是这些论文,将华罗庚与素不相识的熊庆来联系在一起,也给他困窘的生活打开了一扇窗户,透进明亮的阳光。

1930年的一天,熊庆来在新印出的《科学》杂志上看到了华罗庚所写的《苏家驹之代数的五次方程式解法不能成立之理由》，深为文章作者严密的推演能力和扎实的论证过程折服。同时，华罗庚不畏传统和权威，敢于以尊重科学与敬畏真理的严肃态度推进数学进步。他认为作者一定是个大有前途之人。这一发现让惜才的熊庆来兴奋不已，急忙找来杂志编辑打听华罗庚到底是个什么人。大家也被这篇文章震撼了，以为只有大学生或者留学生才能有这样的见解与学识。因此，大家都猜测华罗庚可能在某所大学教书，因为他的论文水平已经远远超过了一些大学教授。

熊庆来不愿只是读一读华罗庚的文章，他一心想要看看华罗庚究竟是个怎样的人物，想与他继续研讨数学。熊庆来认真调查了一番，但并没有在各个大学的教授名单里找到华罗庚的名字。"到底是个怎样的人呢？肯定不会是凡夫俗子！"熊庆来下定决心要找到华罗庚。

巧合的是，当时清华大学数学系的助教唐培经是华罗庚的同乡，他得知熊庆来在找华罗庚，就找到他说："华罗庚是我弟弟的同学，初中没毕业就辍学了，后来在金坛中学当会计。"所有人听了都非常震惊。

"那他现在在哪儿？"熊庆来急忙问。

"应该还在金坛中学当会计。"

打听到华罗庚坎坷的人生经历后，熊庆来决定帮助华罗庚。他亲自找学校相关人员协商，向他们讲述了华罗庚的天才智慧和坎坷命运，希望校方能允许华罗庚到清华大学来工作。为了让校方答应，熊庆来甚至在校委会上说出

"不聘华罗庚，我就走"的话。

清华大学校方一向尊重熊庆来，知道他爱才、惜才，曾培养出许多有前途的青年，最终答应了他的请求，接受华罗庚到清华大学工作。熊庆来高兴地把这件事告诉唐培经，让他回去休假时代自己向华罗庚问好，并询问华罗庚愿不愿意来清华大学工作，如果愿意，就请他来当助教。

那年暑假，唐培经回到金坛，向华罗庚讲述了事情的前因后果，并转达了熊庆来的问候和心意。华罗庚激动得热泪盈眶，一口答应下来，并不住地向熊庆来和这位同乡表示感谢。

熊庆来这个名字对华罗庚来说并不陌生。他已经精读了很多篇熊庆来在数学方面的论文，深深拜服这位数学大师的智慧，但他从来没想过自己能与大师结识，更别提得到大师的青睐了。这个消息对他来说简直是喜从天降，他无论如何也想不到，中国数学界的先驱竟会如此爱惜他这个穷乡僻壤里的普通青年！他无比感激，同时也信心百倍，他想，自己人生新的一页就要翻开了！然而，大病初愈的他穷得叮当响，根本凑不齐从金坛到北平的路费。

远在北平的熊庆来并不知道华罗庚的具体情况，对华罗庚是否接受助教这个职位也没有把握，他求才若渴，于是又亲自写了封信寄往金坛。

华罗庚收到信后，被彻底感动了。熊庆来在信的开头以"华先生"称呼华罗庚，他还从未听过这样的尊称，这使他对熊教授产生了由衷的敬仰。信中洋溢着熊庆来的急切盼望:"假如你因种种原因不能到清华来,我将专程赴金坛拜访你!"

华罗庚读完信就下定决心要去清华大学,他嘱咐妻子留在家中照顾家人。这次华老祥也极力支持儿子,他没想到被邻人谑称为"呆子"的儿子竟遇贵人相助,可以走出金坛,到北平去工作。扬眉吐气之余,华老祥东拼西凑地筹齐路费,把儿子送上了远去北平的列车。

很快,华罗庚怀着无比激动而自豪的心情坐上北上的列车。这一次,他告别亲人,告别故乡,也告别了那个一直在数学边缘游走的自己。

几天后的一个早晨,华罗庚抵达北平,熊庆来已经派人早早地在车站等候。华罗庚看到有人举着一张照片在人群里四处张望,心想大概是接自己的人,便一瘸一拐地走到那人面前。来人看到照片里的人竟然跛足,不禁大吃一惊。

就这样,轻装北上的华罗庚一瘸一拐地走进了梦中的清华园。那一年,饱经坎坷的华罗庚只有20岁。

熊庆来对华罗庚的影响,不仅仅是发现了这个人才,把他带到更广阔的天地中,更在数学研究上给华罗庚提供了不可或缺的帮助和引导。华罗庚在清华大学所进行的很多研究性学习,都是在熊庆来的指导下完成的;在研究态度和方法上,他也深受熊庆来的教诲。

第三章 千里马与伯乐

熊庆来一生为人公正清廉，不管在哪所学校任教或者主持校务，从未依靠职务之便谋取私利。自1937年担任云南大学校长后，他更是倾尽所有来发展这所大学。有一年，他向教育部申请了资金，打算到法国为云南大学添购一些国内没有的数学书籍。不料云南大学意外解散，他只能留在法国，尽管生活非常拮据，但他自始至终都没有动过这笔钱。若干年后，一个法国留学生毕业回国，熊庆来才把用这笔钱买来的书籍转交给他，让他带回国，交给云南大学。

著名的物理学家刘光每每谈起熊庆来教授，都会想起那段令人动容的往事："教授为我卖皮袍子的事，10年之后我才听说，当时我感动得热泪盈眶。这件事对我是刻骨铭心的，永生都不能忘怀。他对我们这一代多么关怀，付出了多么巨大的热情和挚爱啊！"刘光也是熊庆来的一个学生，1921年，当时还在东南大学任职的熊庆来发现了这个很有才华的学生，于是开始关注他并指导他从事核研究，后来又和另一位教授一起资助刘光出国留学。可是，熊庆来的生活也不富裕，有一次甚至卖掉自己的皮袍子来资助刘光。远在国外的刘光只知道老师会按时给自己寄钱，这些钱对他来说无比珍贵，但是他并不知道这些钱背后还有这样一段无私的故事。熊庆来对此事只字未提，直到10年后，已经学有所成、在科学领域有了一席之地的刘光才从别人那里听到这件事。这样的事例还有很多，而熊庆来这样做完全是出于一颗爱才之心,不愿眼睁睁看着明珠暗投。

熊庆来这位伯乐,不仅仅是华罗庚的伯乐,他一生发现并培养了无数的"千里马"。当年他为云南大学所题的校歌歌词,就是对他一生追求的最好概括:

太华巍巍,拔海千寻;滇池森森,万山为襟。卓哉吾校,其与同高深。北极低悬赤道近,节候宜物复宜人。四时读书好,探研境界更无垠。努力求新,以作我民;努力求真,文明允臻。以作我民,文化允臻。

1949年,熊庆来应邀出席在巴黎召开的联合国教科文组织会议,他刚走不久,云南大学就被国民政府解散了,他的校长之职也被解除,原因是云南大学是西南学生运动的策源地。熊庆来无奈,只得留在巴黎,从事学术研究。不幸的是,第二年他便得了突发性脑溢血,半身不遂,右手也失去了功能,生活颇为困难。华罗庚担任中国科学院数学研究所所长后,得知熊庆来的处境,多次写信邀请熊庆来回国服务,同时他又请国务院专家局将熊庆来的家人从昆明接到北京安置。

1957年6月8日,熊庆来回到北京,担任数学研究所函数论研究室主任。在数学研究所的欢迎大会上,熊庆来激动地说:"中国数学一定要发展起来,中国要成为世界上的数学强国。在座各位要团结好,齐心合力地干,要各尽所能。""中国数学家的队伍里既要有当总司令的,也要有摇旗呐喊的。华罗庚先生就是我们的总司令,我个人愿意做一个摇旗呐喊的人。"已过花甲之年、半身不遂的熊庆来像是重新焕发了青春,开始为发展新中国的数学事业奋斗不止。他夜以继日地伏案著书立说,继续发挥"数学界伯乐"的作用,在70多岁的高龄时仍抱病指导两名研究生,他们就是后来的著名数学家杨乐和张广厚。

2. 惺惺相惜的杨克纯

华罗庚走出金坛,正式投身数学事业后,还有一个老师不能不提,他就是杨克纯。

说到杨克纯,更为人熟知的是他的另一个身份,那就是著名物理学家、诺贝尔物理学奖获得者杨振宁的父亲。这位老教授不仅教子有方,他的众多学生也在中国科学领域赫赫有名。杨克纯是将数论研究最早引入中国的学者之一,对中国数学科学的发展功不可没。

杨克纯,号武之,人们更偏向于称他为杨武之。1896年,杨武之出生于安徽合肥,父亲是前清的一名秀才。杨武之幼年时,父母就双双过世,由叔父照料他的生活。1914年,杨武之从当时享有盛誉的安徽省立第二中学毕业,考入北京高等师范学校预科,后来进入数学部本科。

杨武之毕业时，拿到的学历在当时的师范教育中是最高层次的，所以各地都争相聘用他。而杨武之选择了自己的母校，也就是安徽省立二中，担任教员兼舍监，类似于现在的训导主任。但是，当时旧政府的腐败和当地土豪的顽劣使得教育事业徒有其表，杨武之便萌生了"科学救国"的想法，开始积极准备出国留学。

1923年，杨武之顺利通过安徽省的公费出国留学考试，只身赴美国留学，先后在斯坦福大学和芝加哥大学学习，师从世界大师迪克森研究数论，成为中国研究数论的第一位博士。

1928年，杨武之学成归国，在厦门大学任教。一年后，他应聘来到清华大学，并在这里开始了卓越而辉煌的教育事业。正是在清华大学执教期间，他认识了由熊庆来介绍而来的华罗庚。

作为中国数论研究的开山鼻祖，杨武之对华罗庚的研究有不可替代的影响和帮助。初到清华大学的华罗庚听了杨武之开设的群论课，视野大开，决定跟随杨武之学习数论，即用初等方法来研究堆垒数论问题。当时迪克森学派逐渐衰落，杨武之建议华罗庚学习研究哈代与李特伍德的堆垒数论新的分析方法——圆法。对于杨武之的启蒙和指导，华罗庚十分感谢，不仅在论文上直接表达了对杨武之的感谢，1957年出版《数论导引》时，他还特地送了一本给杨武之，并在扉页上写道："武之吾师，罗庚敬赠。"

第三章 千里马与伯乐

1980年,华罗庚在写给香港《广角镜》周刊的一封信上说:"引我走上数论道路的是杨武之教授。"

华罗庚在1936年赴英国访学,追随举世闻名的数学家哈代学习数论,蜚声中外。杨武之为华罗庚"青出于蓝而胜于蓝"高兴非凡。1938年华罗庚归国后,到西南联合大学任教。当时华罗庚已经名声在外,但是他毕竟只是个拿着初中文凭的年轻人,学校不愿提升他的职位。这时,担任数学系主任的杨武之建议破格提升华罗庚的职位,这也意味着华罗庚将越过讲师、副教授直接晋升为正教授。这个提议引起了轩然大波,重重阻碍在所难免。但是,在杨武之据理力争下,这一提议最终通过,华罗庚也因此成为清华大学历史上被屡次破格任命的教授。后来华罗庚也多次表达了对杨武之大力提携、帮助的感激。

在西南联合大学的那段日子,是华罗庚人生中最艰难的一段岁月。异常困窘的生活,常常使他的研究工作无法继续。那个时候,杨武之一家和华罗庚一家曾同住于昆明西北郊的大塘子村,两家交往甚密,两人也是惺惺相惜。据杨武之的次子杨振汉回忆:"在清华与西南联大时,华罗庚经常来我家,不论是初等数学还是高等数学的习题,他不出3天定能做出来。"而杨武之也曾对自己在西南联大的一个助手说:"我最看重华罗庚!"

1934年,华罗庚写信给杨武之,说:"古人云,生我者父母,知我者鲍叔。我之鲍叔即杨师也。"可见他们不仅是学术上的师生,也是生活中的挚友。1964年华罗庚去上海时,还特意宴请熊庆来、杨武之,并合影留念。

杨武之的数论研究在中国起了启蒙和推动的作用,后来,中国的数论学派在华罗庚的领导下取得重大发展。吃水不忘挖井人,这些进步与成果都是得益于杨武之早期发挥的先驱作用。

3. 清华引路人唐培经

说到对华罗庚影响深广的人物,除了前面提及的几位老师外,还有一个人至关重要,那就是华罗庚的同乡唐培经。

唐培经和华罗庚同是金坛县人,他于1903年出生在小镇上一户普通的人家。1927年,唐培经从南京高等师范学校毕业,在上海光华大学附中任教。一年后,他回到金坛,在金坛中学担任校长,那时华罗庚已经失学在家。后来,华罗庚到金坛中学担任会计,唐培经也恰在这时被聘为清华大学的教员。

尽管两人屡次擦身而过,但华罗庚后来有机会走出金坛,到清华大学任职,还要归功于唐培经的牵线引路。在清华大学,他们既是同乡,又是同事,每天都能见面,偶尔相约小聚,渐渐成为至交。

第三章 千里马与伯乐

1934年秋季,唐培经到英国伦敦大学留学,攻读统计学。第二年,他的妻子也到伦敦大学留学,把4岁的幼子小平交由他的岳父照顾。没想到不足半年,唐培经的岳父便得了中风。在老人住院期间,华罗庚给予了很大帮助,包括支付医疗费等。之后华罗庚经常去看望老人和孩子。1936年暑假,唐培经的岳父因心肌梗死去世。华罗庚得知此事后,帮忙料理了老人的后事,还把小平带回老家,让妻子吴筱元负责照顾。

对此,唐培经若干年后回想起来仍然感激不已,曾在一篇文章中这样写道:"华罗庚教授与我,是由金坛同乡,而笔友,而同事,而至交……1934年秋季,我去英国留学,翌年,先内子亦去。清华家中,留下4岁幼子,由先岳父及奶妈招呼。先内子到伦敦大学,不到半年,岳父中风去世。华代为料理一切,并助奶妈带幼子回金坛居住,其盛情至今犹在感戴中。"

1937年,唐培经获得博士学位后,回国在中央大学任教,担任柏溪分校主任和大学教务长,还曾经在教育部短暂任职。1946年年初,华罗庚前往重庆商议访苏一事,得以与唐培经再次相聚。

1949年春,唐培经到美国担任爱荷华州立学院的教授、联合国粮农组织技术顾问等职。重洋远隔,他们只能借华罗庚访问美国的机会才能见上一面。但是每次见面,回想在清华大学的那段往事,畅谈彼此的经历,竟像回到昨日般历历在目。在交谈中,他们谈论彼此的工作、生活及家人的状况,也谈论把他们紧紧联系在一起的数学。华罗庚深有感触地对唐培经说到,学术交流是十分重要的,交流得越广泛,发展得越灿烂。一切闭关自守的思想不仅阻碍世界学术的发展,而且也使自己缺少了汲取营养、取长补短的重要渠道。

华罗庚和唐培经最后一次见面是在1984年5月5日。1988年10月,唐培经因病逝世,此时华罗庚已仙逝三年有余。而两人一段玉成其才的佳话则一直流传至今。

第四章　学府畅行

清华大学浓厚的学术氛围及大师的指点，加上自身过人的天赋与勤奋，使华罗庚如鱼得水。到清华仅一年半，他的才能便得到算学系的认可，被破格提升为助教。在此期间，他继续钻研数学，还自学了英文和德文，并开始用英文撰写论文。之后在剑桥大学的访学经验，不仅让他在数学研究方面的成果更进一步，也为他赢得世界声誉。

1. 清华图书馆员

清华大学是中国最著名的高等学府之一，为中国培养了无数栋梁之材，他们为中国的发展"凿山开路"，做出了重要贡献。

清华大学初建于 1911 年，最初是一所留美预备学校，在当时还算不上是正式的大学。但是 10 年之后，清华大学聘请了很多留学归国的学者为教授，逐渐发展成中国自然科学的最高学府。这些学者中，就包括我们所熟悉的郑之蕃、熊庆来等人。

1930 年，20 岁的华罗庚出现在清华大学的校园里。熊庆来见到年轻的华罗庚时也不禁大吃一惊，同时心里更加佩服这个青年不凡的智慧和勇气。不过，现实的问题摆在眼前，华罗庚只有初中文凭，而清华大学的助教必须要有大学文凭。初来乍到的华罗庚还没有得到大家的普遍认可，所以学校还不能破格让他担任助教。

在这种情况下,熊庆来经过一阵思考,决定先把华罗庚安排在图书馆做助理工作,每个月薪金40元。熊庆来觉得这有些委屈华罗庚,但是华罗庚对于这个安排却十分满意。跟以前在金坛相比,他不仅能在知识浸润的环境里工作,还能根据自己的爱好听课读书,心里别提有多兴奋了!

从此,华罗庚一边在清华图书馆里兢兢业业地工作,一边去旁听自己倾慕已久的教授的课程,生活过得极为充实,而他的进步也是显而易见。

从这一点来看,华罗庚是幸运的,尽管20岁前经历了那么多磨难,但对数学和知识的坚韧求索终于引领他走到今天。

在清华大学,最让华罗庚激动的是,他可以自由地阅读。很多在家乡根本看不到的专业书籍,在这里,他可以尽情地从中汲取滋养。此外,大师们的智慧与人格感召也令他受益颇丰。

有一次,他很腼腆地问熊庆来:"熊先生,我可以旁听您的高等数学分析吗?"他本以为熊庆来会直接答应,没想到熊庆来却说:"你还是按部就班地从头学起吧,先去听听解析几何与微积分课,争取通过大学考试,不然基础不牢固,将来不好办啊!"

熊庆来认为华罗庚多年来一直在家自学,接触范围有限,对高等数学缺乏认知,而且他的初中文凭也不利于其今后发展。但是，华罗庚觉得经过这么多年的学习，再去听那些初级的课程对他没有任何帮助。后来他回忆说："当时解析几何对我来说太浅显了，即使是熊先生的分析班，我也可以听懂。不过当时因为初到学校，新的环境，新的人事，有些话是不便直说的。"有人问他当时的数学水平达到了什么程度，他说："有些问题已经了解到如数学系三四年级时的程度，有些地方则还差一点。"

最后，华罗庚选择了另一种更适合他的学习方式，那就是扎根图书馆。清华大学的图书馆中丰富的专业藏书让视书为珍宝的华罗庚异常兴奋。他每天在数学的世界里徜徉，贪婪地汲取知识的营养，不知疲倦，废寝忘食。每天他只睡四五个小时，几乎把所有的精力都投入到学习中。

不到一个月，熊庆来就发现华罗庚已经没有必要去听解析几何与微积分课了，而且对算学分析也掌握得不错。于是，熊庆来便同意华罗庚到自己的算学分析班来听课。不仅如此，每次备课遇到疑难问题或者做不出题目时，熊庆来还会与华罗庚讨论。熊庆来的著作《高等算学分析》，也有华罗庚的功劳。

数年后，在清华大学正式担任教授的华罗庚回忆起当年的那段往事，并不觉得艰辛，而是充满快乐和感激。他这样说道："我去清华时，系里的图书散落在小屋子里的地上，乱七八糟。我把它们一本本地整理好，归类放好。我闭着眼睛，都知道哪本书放在哪儿。"那个时候，书给了华罗庚最大的安慰和幸福。

在清华大学的日子，华罗庚的自学能力得到进一步的锻炼。有那么多想看的书，那么多还没有掌握的知识，他每天都督促自己要更加有效地安排时间。因为他深知，对于他这样出身普通又只有初中文凭的年轻人，没有什么特殊理由让清华大学始终收留自己，唯有不断学习，不断进步，做出更加卓越的成绩，才能踏实地留在这里，实现自己的梦想。

白天没有学够，他就晚上接着学，甚至摸索出一种在没有灯的夜晚看书的方法。人们觉得这太过夸张，不可思议，但事实的确如此。原来，每天熄灯前，华罗庚都会看一道书上的题目，然后开始思考如何解决这个题目，他边想边记，脑子里便充满数学公式和解题步骤。觉得算对了，他就等到第二天天亮后，赶紧对照书上的答案；感觉算错或者算不下去时，他就起来再打开灯，对照书本的解题步骤。就这样，他不分昼夜地思考学习，一本书别人常常要看半个月，而他用这种方法不出三天就看完了。

图书馆员华罗庚所取得的巨大进步，让熊庆来十分欣慰。在综合考量后，他决定向学校提议，让华罗庚担任教职，使他在教学相长的过程中，精益自己对数学的研究。

2. "半个助理"

华罗庚的勤奋努力被熊庆来及数学系的一众教员看在眼里。进入清华大学后,他仅用一年半的时间,就攻读完数学系的所有课程,同时还自学了英文、德文、法文。

1933年,清华大学校方开始重新考虑华罗庚的职位问题。但是,让一个初中毕业人员做图书馆助理工作,本来已经打破了清华大学的纪录,而且图书馆助理属于职工系统,和教员系统几乎不相通。

教授们为此召开特别会议,与会者分成两派,各执己见。数学系教授郑之蕃强烈建议破格提拔华罗庚,数学系代理主任杨武之也赞成这一意见。最后,清华大学理学院首任院长叶企孙拍板说:"清华能有华罗庚这样的人才是一件好事,不要被资格框住手脚。"于是,华罗庚被破格提拔为助教,为学生们讲授微积分。

这个决定看似简单,但它意味着清华大学对华罗庚数学成就的认可,这在清华大学的校史上也是少有的。后来提起叶企孙,华罗庚说过这样一句话:"我一生得他爱护无尽。"

从此,华罗庚以助教的身份站在了清华大学的讲台上。

尽管他只有初中文凭，但是没有一个学生怀疑他的学识与能力，在他那深入浅出的讲解中，学生们看到了他对数学最深刻的理解和最执着的热爱。

被破格提升为助教，对华罗庚来讲只是身份有了改变，他在数学专业上不懈的努力钻研依然如故，甚至有增无减。在完成教学任务之余，他每天坚持读书学习10个小时以上，他的勤奋和认真受到了同事与学生的敬佩。

来清华大学之前，他的英文很差，但到1934年，他不仅能看英文数学书，还可以用英文写论文，并在国外发表。1934年，华罗庚在数学杂志上发表了8篇论文。除了2篇在国内发表外，有6篇在国外的数学杂志上发表，其中5篇刊登在日本《东北数学杂志》上。这8篇文章中，包括数论5篇、代数2篇、分析1篇。

1935年，华罗庚又发表了7篇论文，包括数论5篇、代数2篇，大部分是在国外的杂志上发表，其中5篇刊登在日本《东北数学杂志》上，1篇发表在德国《数学年鉴》上。当时，《数学年鉴》被认为是世界上最重要的数学杂志，因此，华罗庚得知《数学年鉴》刊载了自己的论文后，激动万分。1936年，华罗庚又发表了6篇论文，包括数论4篇、分析2篇，其中有5篇发表在国外的数学杂志上。

清华大学人才济济，要在这么多人才中找到自己的一席之地，并不是一件容易之事。华罗庚不仅研究成果斐然，与人相处也十分融洽。他做助教时，办公地点就在熊庆来办公室的外面，来找熊庆来的人都能见到他，渐渐与他熟悉起来。这使华罗庚结交了很多系里系外的朋友。他也非常活跃，凡是系里的学术讨论会议，总是第一时间参与。华罗庚逐渐打消人们对他的疑虑，成为系里的重要人物，大家都愿意和这个幽默可爱的人交谈。

当时的清华大学可谓青年人的天下，龙腾虎跃，群星璀璨，其中有后来成为著名数学家的陈省身，成就斐然的柯召、徐贤修等人。徐贤修也是华罗庚的至交之一。

1931年的一天，徐贤修来到清华园，第一个交谈的人就是华罗庚，两人谈得颇为投机。徐贤修问道："你是这里的教授？"

"不是。"华罗庚摇摇头。

徐贤修又问："那你是这里的学生或研究生？"

"不是。"

"那你一定是管系务的先生吧！"

"也不是，我是这里的'半个助理'。"

"半个助理，此话怎讲？"徐贤修一头雾水地问道。

"大学毕业的当助教，高中毕业的当助理，我只是初中毕业，所以当半个助理。"华罗庚解释时，脸上带着轻松自信的笑容，深深地感染了徐贤修。同时，徐贤修对清华大学这样不拘一格，为才华出众的年轻人提供机会的做法也赞叹不已。后来，他经常找华罗庚交流探讨数学问题，两人成了很好的朋友。

面对这么多优秀的同仁,华罗庚没有妄自菲薄,他给自己定下一个目标:以过人的努力,追求自己的成就。这短短的13个字,完全展现了他的志向和毅力。他的座右铭是:见面少叙寒暄话,多把学术谈几声。其中的幽默感及对学术的执着不言自明。

华罗庚的认真和勤奋,让他的同辈们非常感动。有人这样回忆华罗庚当年教书的情景:"华先生治学提纲挈领,讲求实际效率;教学深入浅出,大受学生们欢迎;研究则直指尖端,不畏艰难。他的天赋过人,勤奋异常。他曾经对我说,'人家受的教育比我多,我必须用加倍的时间来补救缺失,所以人家每天工作8小时,我要做12个小时才觉得安心'。而他初到清华时工作的时间要比这更长。他为学能持之以恒,做助理如此,当教授如此,举世闻名后亦复如此。可知'天才'的成功大半须从努力中得来,实足为后世天分高者矜式。古来大儒为学必于博中求精。华先生于求学,学无不窥,除大部分时间用在解决所选择的难题外,其余则用在博览时文。他领悟过人,信手拈来都是富有创造性的佳作,所以著述宏丰。"

在这段清华大学任职期间,华罗庚一直是独自一人,生活起居全由自己照顾,加上生活拮据,一直在贫穷的边缘挣扎。他的妻儿都留在家乡金坛,他似乎又回到了独自为数学事业打拼的岁月。熊庆来为此十分担心,怕华罗庚因为在清华大学赚钱少,又不能和亲人生活在一起,回到金坛不肯回来。对此,华罗庚开玩笑地说:"他哪里知道,清华给我的钱比金坛中学给的优厚多了,清华对我来说是求之不得的。"不管怎样,华罗庚对于数学的那份执着的热爱,使他无论如何也不可能折返金坛。清华大学给他提供的天地,是一个数学的天地,是他热切企盼的天地。

不管怎样,华罗庚能够到清华大学教授数学是华罗庚之幸,也是清华之幸,更是中国数学界之幸。那个在图书馆里刻苦钻研的身影,那个在讲台上诲人不倦的身影,那个在校园中独步前行的身影,如今都已不再。大师已逝,但是大师的精神从未在清华园消失。他坚持不懈、刻苦钻研、勤奋治学的精神激励着后来的青年才俊不断在学术道路上开拓前行。

3. 进步学生的"保护伞"

"九一八"事变后,北平陷入危机之中,学生们纷纷投身抗日救亡运动,清华学生也积极响应,要把一腔热血投入到轰轰烈烈的救亡图存运动中。华罗庚时刻关注学生们的行动,支持青年们的进步思想。他既为他们感动,同时也为他们担心。

第四章 学府畅行

1935年冬,震惊全国的"一二·九"学生运动爆发,北平学生纷纷走上街头,高举"打倒日本帝国主义"的横幅,要求当局一致抗日。学生们每天都在为抗日运动呼喊,华罗庚看在眼里,心里大受触动。当然,他并不仅仅旁观学生运动。在"一二·九"运动进行到最激烈的时候,整个华北风云骤起,大规模的学生游行层出不穷,反动当局无情地加以镇压。华罗庚当时已经走上讲台,不便公开出现在游行示威的人群中,但他也是25岁的热血青年,一个有着爱国情怀的中华赤子,怎么能若无其事地旁观下去呢?

游行还在进行,学生们突然发现,走在队伍最前面的正是他们的华老师!学生们备受鼓舞,相信他们会得到支持和爱护,他们是在为这个国家战斗!一直走到清华大学校门口,华罗庚才停下来,目送学生们渐渐走远。

当初跟随华罗庚学习的学生李寿慈曾问华罗庚,北平究竟还能待多久?这种混乱的局面下他们该如何自处?很显然,李寿慈对当初选择从家乡来北平后悔不已。华罗庚对他说:"你记不记得我们苏南有个乡贤叫顾亭林?""当然记得,就是《日知录》的作者顾炎武。"华罗庚接着问他:"那你记不记得他最有名的一句话是什么?""当然,是'天下兴亡,匹夫有责'!"李寿慈顿时明白华罗庚的意思了。

华罗庚语重心长地说:"没错,我们最应该记住的就是这句'天下兴亡，匹夫有责'。如今，北平十分危险，是不可否认的事实。但是，我们整个国家都处于危险中。因为日本意在吞并全中国，并不满足于北平甚至华北。今天平津危急，如果政府不抵抗，明天也可能南京危急……对你个人来说，读书是大事，但就全国来说，民众奋起救亡才是真的性命攸关啊！今天我们要切身体会顾亭林的名言，首先在救亡图存方面多做工作，要做到读书不忘救国才好！"

华罗庚这番话使李寿慈受到很大的震动和启发，使他明白了国难当前，作为国人的职责所在。受华罗庚影响，李寿慈渐渐走上了抗日救亡之路。

在"一二·九"运动的过程中，学生们的安危牵动着很多善良、有责任心的教授。他们纷纷尽己所能，帮助学生们躲避一些可能的危险。华罗庚也曾冒着生命危险保护自己的学生。

大约在"一二·九"运动爆发前一个月，清华大学的学生救国会写了一篇感人肺腑的救国宣言，李寿慈毫不犹豫地在宣言上签下自己的名字。这一行为看似简单，却很可能给他带来生命危险。当时反动政府极力镇压学生运动，这些带头的学生必然首当其冲。

不久，华罗庚找到李寿慈，对他能够勇敢地在抗日宣言上签名表示欣赏，但是，华罗庚又不无担心地告诉李寿慈，枪打出头鸟，反动派如果想抓人，他们这些学生肯定是首要目标,一定要提高警惕,小心行事。李寿慈对老师的关心非常感谢,但是他并不认为事情会这么严重,于是安慰华罗庚不必过于担心。

轰轰烈烈的学生运动终于爆发了,情势日益危急,反动政府下令逮捕学生运动的带头学生。一天,华罗庚找到李寿慈,把他带到自己的宿舍。华罗庚在房间里多搭了一张床,他对李寿慈说:"如果风声太紧,你就到我这里来住吧,老师宿舍相对安全一点。"李寿慈听了十分感动,接受了华罗庚的建议。这种深厚的师生情谊在当时极为平常,因为举国上下为了抗日救国,时刻准备着为国家献身。

1936年2月29日,反动政府派出步兵、大刀队、机枪队共四五千人,突然闯进清华大学,搜捕学生运动的领导者。学生们提前得到消息,已经有所准备。李寿慈在情急之下想到了华罗庚,于是便来到华罗庚的宿舍,没想到军警竟然也来到老师宿舍进行搜查。华罗庚情急之下用眼神示意他想办法蒙混过去。当军警询问李寿慈是谁时,屋子里的空气似乎一下子凝结了!"我叫王乃梁!"李寿慈拿出事先准备好的学生证,镇定地交给军警。华罗庚见李寿慈有别的身份证明,赶紧上前说道:"王同学,赶紧坐下来歇一歇吧!是不是又有什么难题解不出来,大清早地跑来找我?"李寿慈也赶紧配合华罗庚:"老师,马上就要考试了,可我对微积分课程里的一些知识还不甚了解,所以今天才一早就来打扰老师。希望华老师不要见怪。"军警们听到师生二人的对话，以为他们是不问政治的"书呆子"，便悻悻地走了。

"一二·九"运动期间，清华大学曾以考试不及格为由，勒令一些进步学生退学。当时华罗庚教授大一的微积分课，有几位进步学生因为救亡活动耽误了学习，记分在 I 与 F 之间，I、F 分别代表较差和不及格。为了保护这些进步学生，华罗庚把他们的成绩都往上提高一级，并且表示他的评分标准是"一视同仁，有所不同"，他说："考试往往不能排除许多偶然因素，有时好学生也会考坏，所以要结合平时，全面考察，不能过分机械。这几位同学平时学得很好，只因为忙于救亡工作而耽误了学习，大考成绩虽然差一点，但也接近及格，所以最后评为及格，这也是合情合理的嘛！况且，现在有些学校当局压制救亡运动的手段之一，就是采取分数制裁的办法。他们对许多进步学生，以成绩不及格为借口而勒令退学，这是很恶劣的做法。"

1936 年夏，华罗庚回到家乡金坛，召集了一些从上海、苏州、南京、武汉等地回乡的学生，在金坛中学创办了一所暑期补习学校，并亲自担任校长，积极宣传北平的"一二·九"运动，传播抗日救亡思想，鼓励学生们认真学习，为国家救亡图存贡献自己的力量。

第四章 学府畅行

4. 在剑桥的日子

1936 年,华罗庚得到中华文化教育基金每年 1200 美元的留学资助,被保送到英国剑桥大学进修。从当时的社会状况以及他的个人条件和家庭情况来看,到国外学习并非易事,但是为了了解国外数学研究、学习更多新知识、汲取更多经验,华罗庚最终选择出国留学。

在远赴英国之前,华罗庚曾在上海停留了一段时间。据华罗庚的挚友虞寿勋回忆,当时他一听到华罗庚来到上海,就赶忙前去探望老朋友。虞寿勋为华罗庚能出国深造感到高兴。当他问及华罗庚,如今马上就要乘千里之风、破万里之浪远离家乡,有何感想时,华罗庚肃穆深沉地说道:"我现在想的就是如何为祖国争光。"简短的一句话,让虞寿勋对这位老友肃然起敬。

1936 年夏,华罗庚与当时要到美国普林斯顿高等研究院做研究的周培源结伴,经西伯利亚到莫斯科,又经过柏林等地,最后到达伦敦。著名数学家陈省身当时正在德国汉堡大学学习研究,听说华罗庚和周培源来了,特地从汉堡赶到柏林看望好友。这对于初到异国他乡的华罗庚来说无疑是个很大的安慰。

当时的剑桥大学正处于学术争鸣的顶峰时期，久负盛名。世界各地的科学精英都慕名而来，在这里学习和研究。这些对世界科学产生重要影响的人聚在一起，讨论知识，交流经验，同时也代表他们的国家在这个世界性的学术舞台上一展英姿。剑桥大学拥有深厚的文化底蕴，更使它成为万千学子的梦想，他们期待能够坐在当年牛顿坐过的地方，感受科学的巨大魅力。而在当时，剑桥大学还有一个数学界的传奇大师——哈代。

把华罗庚介绍给哈代的，是美国数学家诺伯特·温纳。

1935年，温纳应清华大学之邀前来讲学，华罗庚从温纳那里学到大量傅里叶分析的技能与知识。在温纳的指导下，华罗庚与徐贤修合作完成了一篇关于傅里叶变换的论文，他们为此十分感激温纳的帮助。温纳很赏识才思敏捷的华罗庚，这一欣赏也让他格外关注眼前这个跛足的年轻人。上课时，如果华罗庚的表情有些异样，比如咳嗽，温纳就会停下来询问是不是自己哪里讲错了。

当时和温纳一起到清华大学讲学的还有法国著名数学家阿达马。阿达马的课一开始听者众多，但因为内容过于艰深，渐渐地听课的人越来越少，最后只有华罗庚坚持到底，而且他还能在课堂上与阿达马交流，提出自己的看法。讲课时，阿达马有时会停下来说："华先生，听完这段讲解，您有什么想法呢？"阿达马向华罗庚介绍了苏联数学家维诺格拉多夫在数论方面的成果，后来华罗庚与维诺格拉多夫通了不少信件，这对于华罗庚研究数论有非常积极的促进作用。

华罗庚决定到剑桥大学进修后，温纳很热心地把他介绍给剑桥大学的数学教授哈代。哈代主要研究数论，他和合作伙伴李特伍德都曾是温纳的老师，也是堆垒数论的新方法——圆法的创始人与开拓者。温纳写信给哈代，说"华罗庚是中国的拉马努金（此人为印度天才数学家）"。

华罗庚来到剑桥大学时，哈代恰好在美国访问。他在几年前就看过华罗庚的论文，对这个自学成才的中国学生有良好的印象。听说华罗庚来到剑桥大学后，哈代特地让海尔布伦传话给华罗庚："请告诉华先生，凡是从东方来的学生，都问我们多长时间能够获得学位。如果他愿意的话，他可以在两年之内获得博士学位，而其他人通常要用三年时间才能得到。"哈代这番话既真切地表达了他对华罗庚的欣赏，也间接说出华罗庚在数学领域的天赋与能力。

当时拥有一个外国大学，尤其是像剑桥大学这样的世界知名学府的学位，无论是对个人生活，还是对学术研究都有十分重要的作用，所以中国留学生都对学位格外看重。但是，华罗庚的回答却让哈代感到惊讶。华罗庚这样答复海尔布伦："很感谢哈代先生的厚意。不过，麻烦您替我转告哈代先生，我是为了求学来到贵国，不是为了学位而来。你们只要能给我机会让我到贵校的图书馆里看看书，允许我听听课就可以了。我只有两年的研究时间，自然要多学一点东西，多写一些有意思的文章。念博士不免陷于繁文缛节，枉费许多时间。我不想念博士学位，只求做一个访问学者。"这些话虽然谦虚，但丝毫没有减损学者的傲骨。

海尔布伦惊喜地看着这位东方年轻人，说道："东方来的人，不看重剑桥大学博士学位的，你还是第一个，我们无比欢迎你这样的访问者。"

华罗庚和海尔布伦很快成了好朋友，海尔布伦为人热情，在学习与生活上都给予华罗庚很大帮助。华罗庚曾在文章中感谢海尔布伦："我希望借此机会对海尔布伦博士的鼓励与帮助，表示我衷心的感谢。"

就这样，华罗庚以访问学者的身份开始了在剑桥大学的求学生活。不张扬、不卑弱，一点点吸收世界科学的先进知识，而心里始终怀着那为国争光的赤子情怀。

鲜为人知的是，华罗庚不拿博士学位还有另一个原因，那就是当时攻读博士学位的学费高昂，国家补助的资金根本无法支撑。有人曾经问他，为什么他发表的论文数量远远超过当时在读的研究生，却因为学费问题拿不到学位呢？华罗庚很坦然地说，这边的学费实在是贵极了，算了吧。其实，华罗庚完全可以向当时管理清华大学基金的中华教育基金会申请更多补助，或者向朋友们借一部分钱，但是他没有这样做。他认为自己现在能够身在英国，有这样好的机会学习和研究数学已经很幸运了，没有理由再去给别人添麻烦。也因此,华罗庚在剑桥大学访学两年,始终没有办理正式的入学手续,也没有申请过任何学位,而是像他自己所说的那样,作为一个访问学者在剑桥大学里尽情吸收养分。

华罗庚用实际行动证明了自己的耿介和谦虚,他对所有的人和事都心怀感激,从不吝啬自己的努力和奋斗。他在竭尽全力向数学的高峰攀登,既是发挥个人的价值,更是完成祖国赋予他的使命。

华罗庚十分珍惜在剑桥大学的学习机会,校园优美的环境也为他提供了良好的学习场所。他每天废寝忘食地读书写文章,恨不得把每分每秒都用来学习。他觉得这里的很多数学方面的研究成果是国内接触不到的,所以抓紧一切时间去吸收这些知识。除了数论与分析,他还听了霍尔的群论课。

作为世界数学中心之一,剑桥大学的长项是分析与解析数论。这里聚集了一批朝气蓬勃、才华横溢的青年数学家,如达文坡特、埃斯特曼、兰金、赖特和蒂奇马什等,他们都在数学领域做出卓越的贡献,成了有名的数学家。对于华罗庚这个来自古老东方国家的谦逊、勤奋而又聪明的青年,他们表示热烈的欢迎,并热情地给予帮助。在与他们交往的过程中,华罗庚极大地提高了自己的英语水平。

华罗庚晚年回忆起这一段生活时说:"有人去英国,先补习补习英文,再听一门课,写上一篇文章,然后拿到一个学位,就算完了。我听了七八门课,记了一沓厚厚的笔记,回国之后又重新整理了一遍,仔仔细细地消化。在剑桥时,我写了10多篇文章。"

华罗庚的执着和认真,很快就在剑桥大学传扬开来,也成为中国数学界的一段佳话。他的这种精神不只是做学术时才有,而是渗透到他日常生活的方方面面。著名导演黄佐临就曾回忆道:"我当时亦在英国,与华罗庚是同学。他要学习骑自行车,还要我帮忙扶住车子才行,想想该有多么艰难,他居然就学成功了!"可能很多人会说,骑自行车有什么难的,至于这样大惊小怪。但是大家别忘了,华罗庚是个腿有残疾、连走路都很不方便的人,骑自行车对他来说实在不是易事。华罗庚自己也曾笑着回忆这段经历:"我坐上自行车,请人一推,我骑着就往前跑。"其实,当初华罗庚之所以产生学骑自行车的念头,还是因为同学们常常在周末骑车外出聚会游玩,而华罗庚不会骑自行车,引来同学们的嘲笑。他就下决心一定要学会骑车才行,在如此坚强的意志面前,腿疾可能带来的种种困难也变得不那么令人畏惧。出乎同学们意料的是,他最终坚持下来,学会了骑自行车。华罗庚这种不达目的誓不罢休的坚忍精神,实在让人敬佩。

华罗庚访学时,主要从事数论方面的研究,他在剑桥大学参加了一个研究小组,这个研究小组由很多著名的数论学家组成。组员里有英国数学家哈代、李特伍德、哈罗尔德·达凡波特，德国数学家埃斯特曼、汉斯·海尔勃洛恩等，这些人都是世界上赫赫有名的数学家，在世界数学领域各有千秋。

在数学上有个著名的课题叫作华林问题，这也是当时华罗庚所做研究中最艰深的一个问题，而与这个问题相联系的，便是世界上非常著名的哥德巴赫猜想。华罗庚在华林问题和哥德巴赫猜想上所做的研究成果，几乎囊括了他那些欧洲同事的所有工作，在这个数学研究小组里引起极大的震动。很多年来，令数学家们望而却步、不敢近前的三角和问题，华罗庚只用了一年时间就解决了，并在伦敦数学刊物上发表论文《论高斯的完整三角和估计问题》。三角和问题是19世纪著名数学家高斯提出的。华罗庚对高斯问题的解答，在当时的数学界引起强烈反响。人们都在讨论这个来自东方的年轻人，究竟有多少智慧和潜能。

不得不说，华罗庚在剑桥大学两年所取得的成绩是骄人的。他在短短两年时间里一共发表了18篇论文，先后在英国、美国、苏联、印度、法国、德国的刊物上发表。他的这些成绩已经远远超过了获取学位的要求，而且他的英文水平也有了很大提高，使他在学术交流上几乎没有障碍。华罗庚真正成为专心做学问的访问学者。

两年的时间转瞬即逝，剑桥大学一如既往地沉浸在祥和而浓厚的学术氛围里，但是万里之外的中国却早已开始了惨烈的抗日战争。战火中的祖国正饱受磨难，远在英国的华罗庚再也无法平息心中的焦虑。他婉拒苏联科学院的邀请，放弃在海外继续访学的计划，决定返回战火纷飞的祖国。这一年是1938年。

离开剑桥大学前，华罗庚与老师哈代告别。哈代和他一起回顾总结这两年的研究成果，华罗庚把自己关于完整三角和估计、华林问题与他利问题的研究结果告诉哈代。哈代既欣慰又兴奋地说："好极了！我与赖特正在写一本书，你的一些结果应该写进书里去。"哈代与赖特合著的书是《数论入门》，这本书使华罗庚成为现代最早被外国名家引用其研究结果的中国数学家。

与此同时，华罗庚在剑桥大学所取得的成就传到中国，也得到国内科学界和教育界的一致认可。对于这个当年凭借自学走出金坛、走入清华大学，如今又走向世界、重回祖国怀抱的数学天才，他们完全没有疑虑了。过去的非议已经没有丝毫意义，华罗庚用最闪亮的成绩单证明了自己的实力。尽管他还是只有初中文凭，尽管他没有拿到剑桥大学的博士学位，但是任何人都不再怀疑他在中国数学领域的成就与地位。

第五章　艰难岁月

回到战火纷飞的祖国后，华罗庚被西南联合大学破格聘任为教授。尽管条件非常艰苦，但他甘之如饴，仍坚持数学研究，成为那个时期在西南联合大学做出世界水平学术成果的一代学人之一。所谓"患难见真情"，在西南的生活尽管艰辛，但也让华罗庚在家庭、友人方面收获了至纯至善的珍贵情感。

1. 在西南联大

华罗庚结束在英国剑桥大学的学习后，接受了西南联合大学的聘请。

西南联合大学是中国特殊时期的一所综合性大学，可以说是抗日战争时期中国文化的聚集地，也是当时中国科学发展的前沿阵地。如今人们所熟知的很多近现代大师，无论是自然科学领域还是社会科学领域，大部分都是当年西南联合大学的教授或学生。这所独具时代意义的大学，在中国历史上写下了浓墨重彩的一笔。

1937年7月，日本帝国主义发动了对中国的全面侵略战争，中国人民的命运再一次被推到生死关头，全面抗日战争由此打响。在中国这片古老的土地上，硝烟弥漫，战火连天，全国人民都在为保卫祖国、保卫家园贡献自己的力量。

第五章　艰难岁月

为了保存中华民族的文化精华，使教育资源和人才免受战火摧毁，华北和沿海很多大城市的高等学府纷纷内迁，当时作为大后方的西南成了很多高校的落脚地。抗战以来，先后迁入云南境内的高校有 10 余所，其中最著名的就是西南联合大学，简称西南联大。

西南联大由北京大学、清华大学和南开大学联合成立，校址在云南昆明。它虽然只存在了不到 9 年时间，而且条件艰苦、设施简陋，却培养出一大批人才，其中包括 2 位诺贝尔奖获得者——杨振宁、李政道；5 位"国家最高科学技术奖"获得者——黄昆、刘东生、叶笃正、吴征镒、郑哲敏；8 位"两弹一星"功勋奖章获得者——赵九章、郭永怀、陈芳允、屠守锷、朱光亚、邓稼先、杨嘉墀、王希季，以及近百位中国科学院和中国工程院院士。在其他各个领域，如教育、新闻、出版、工程技术等领域，也有不少西南联大的校友成了业内专家与骨干。

西南联大不仅教学和科研成果卓著，还是当时"一二·一"爱国运动的策源地，在爱国民主运动中起了重要作用，被誉为"民主堡垒"。直到 1946 年，抗日战争胜利之后，西南联大才正式解散，三所大学分别迁回北平和天津。

1938 年，华罗庚乘船取道大西洋、印度洋、马六甲海峡及新加坡抵达香港，再乘飞机经越南西贡（现胡东明市）、河内来到昆明。他决定回国前，有朋友劝他说，现在日军十分猖獗，国内烽烟遍地，没有必要冒这个危险回国，如果他愿意留在英国各大学讲授数理，一定会名利双收。然而，华罗庚爱国心切，仍然决心回国，与同胞们共患难。

此时的华罗庚，不管是学术地位还是知名度，在国内都是数得上名号的，但他在职称上仍然只是教员。那么，究竟应该以什么名义聘任他呢？

时任西南联大理学院院长的是吴有训，他是著名的物理学家。当时西南联大设有教授聘任委员会，对于讲师以上的教师聘任，必须经过教授聘任委员会全体委员投票通过。吴有训也是委员之一。

在委员会开会讨论华罗庚的问题时，吴有训带来了华罗庚发表的全部论文，请与会委员们评审裁定。对于华罗庚在三角和估计、华林问题方面的贡献，杨克纯是很清楚的，而且华林问题也是他一直在研究的问题。如今自己的学生做出如此卓越的成绩，他的心情自然十分激动。因此，他极力向与会人员介绍华罗庚的成就。最后，大家达成一致意见，同意华罗庚越过讲师与副教授，直接升任为教授。

根据当时教育部的规定，正教授必须经由助教、教员、讲师、副教授逐级提升，这次华罗庚直接从教员变为正教授，已经是第三次打破清华大学破格录用人才的纪录，在全国范围内也是前所未有的。

对于这件事，西南联大物理系教授周培源后来回忆说："在20世纪30年代，像清华这样的大学，教师中有助教、教员、讲师、副教授与教授五个级别。罗庚同志初到清华时,只是一个初中毕业生。一般来讲,一个初中毕业的青年成为一位大学教员需要10年的时间——3年高中、4年大学、3年助教。但是,罗庚同志在清华期间一面工作,一面学习,仅仅花了4年时间竟完成10年的工作、学习与教学任务,这在我国近代教育史中还没有第二人。罗庚同志于1938年从英国剑桥回到昆明后,任西南联合大学数学系教授,从清华到西南联大,先后只花了7年的时间,对他这样飞速的成长,我们也必须注意到,除了他的才华与积极努力外,也和当时清华大学的校、系行政领导与教师对他的爱护、重视与关怀是分不开的。我可以这样说,当时的清华大学在一定程度上实现了我们今天在积极提倡的尊师、爱生、重教的精神。"

从此,华罗庚就以教授的身份站在讲台上为身后渴望知识的学生们传播他的研究成果,影响和他一样热爱数学的年轻人。

在昆明,华罗庚终于能与阔别许久的妻儿、姐姐团圆,听姐姐说完他们的经历,华罗庚才知道家人这一路上的艰辛。

原来,日军侵华的战火烧到金坛时,百姓们都纷纷逃命去了。华莲青的丈夫也劝说华莲青和家人一起逃走,就在他们犹豫不决之时,吴筱元带着女儿华顺和儿子华俊东找到华莲青,希望华莲青能够帮助他们。华莲青心想,弟弟远在国外，如果自己抛下他们走了，这母子三人该如何生存。善良的华莲青决心帮助弟妹和自己的侄儿侄女，再难也要和他们一起等到与弟弟团聚的时刻。

于是，华莲青拿出积蓄做路费，和吴筱元母子三人一起上路，他们坐船经鄱阳湖到达江西吉安，在吉安住了一个多月才跟华罗庚取得联系。华罗庚把自己要回国的计划告诉他们，让吴筱元带着家人先到云南昆明去。于是，吴筱元和家人又从吉安来到湖南长沙，再乘长途汽车到达昆明，一路颠沛流转，辛苦艰难自不必说。他们抵达贵州贵阳时，除了吴筱元外，其他人都得了疟疾。幸好唐培经的妹妹住在贵阳，帮助他们治好了病。到达昆明后，他们靠熊庆来和杨克纯的帮助，在距离西南联大不远的青云街租下一所房子，暂时安顿下来。

此后，在西南边陲这片土地上，华罗庚一家开始了一段异常艰难的生活，这一时期也被华罗庚称为自己生命中的"第二劫难"。

由于战争阻断了很多资源的供应，昆明物价飞涨。西南联大的教授们想尽办法维持生计，他们彼此扶持、相互安慰，在极端艰苦的条件下仍然保持着钻研科学的热情与积极的心态。在这些人中，就有我们所熟知的闻一多、冯友兰等大师。

当时西南联大的教授们常常自嘲"教授教授，越教越瘦"，虽然很有自我挖苦意味，但也是这些知识分子生活的真实写照和他们开阔幽默心境的展露。很多时候，教授们走在街上，流落的难民们向他们乞讨，教授们即使想帮助这些可怜人，也实在没有办法，他们有的连自己家人的生活都无法保证。无奈之下，他们只好说自己是西南联大的教授，每逢此时，上前乞讨的难民便知趣地走开了。

由于生活太过艰难，西南联大的很多教授只能隐姓埋名，到社会上找些工作补贴家用，有的就到当地中学去教书。而华罗庚家里人口众多，生活更为困难。熊庆来曾邀请华罗庚到云南大学兼职上课，但华罗庚为了有更多时间研究数学，婉言谢绝了。于是，熊庆来就让云南大学的学生王洪升每个星期到华家补两次课，以此增加华罗庚的收入。

有时实在没有办法，华罗庚也会到附近的中学兼职带课。很多人劝他在教书之外再找个工作，好歹能补贴些家用，不至于让家里的生活过得如此清苦。华罗庚无奈地解释道："我不是不能赚钱——到日本人那里可以赚大钱、做大官，但是我决不会干，我不可能去当汉奸！在这个原则问题上，每个人都应该宁折不弯！"

后来回忆这段生活，华罗庚仍难掩对当初窘困生活的伤感："想到了20世纪40年代的前半叶，在昆明城外20里的一个小村庄，全家挤在两间小厢房（还没有现在的办公室大）里。食于斯，寝于斯，读书于斯，做研究于斯。晚上一灯如豆。所谓灯，乃是一个破香烟罐子，放上一个油盏，摘些破棉花做灯芯，为了节省菜油，芯子捻得小小的。晚上牛擦痒，擦得地动山摇，危楼欲倒，猪马同圈，马误踩猪身，发出尖叫，而我则与之同作息。那时，我的身份是清高教授，呜呼！清则有之，清者清汤之清，而高则未也，高者，高而不危之高也。在这样的环境中，埋头读书，苦心钻研……"

　　清苦的生活尽管一眼望不到头，但面对困厄的心境却时有不同。伤感只是暂时的，平和、豁然则是常态。当时，华罗庚与吴筱元的小儿子快要出生，但是这个贫困的家庭却无力负担去医院分娩的费用，于是，这个孩子就在昆明郊外的小屋里诞生了。孩子平安出生后，吴筱元问起孩子取名的事，华罗庚说："薪水用尽，家里储蓄空空，但华家没有完，华家又多了个后代。我堂堂中华，一定会光复，会振兴的。就给这个孩子取名叫华光吧。"华罗庚给儿子起名为华光，在美好的祝福之外，也是取了"花光"一词的谐音。华罗庚的幽默使他始终能以乐观积极的态度对待生活，从而保持对数学的热爱与对生活的信心，也正是这种心态最终成就了他自己。

　　当时大西南的艰苦不仅仅表现在生活上，有时还会遭遇生命危险。

　　当时昆明是大后方的重镇之一，美国陈纳德将军的飞虎队空军总部的志愿官兵驻扎在这里，所以昆明成了日军轰炸的目标之一。随时可能响起的防空警报提醒人们，日本人的战机随时会来。这时，防空洞就成了躲避危险的地方。但即使躲在防空洞里，华罗庚也不会让时间白白浪费掉。他总是手不释卷，不是读书就是演算，有时敌人丢下的炸弹震得防空洞顶上的土掉下来，可他仍然全神贯注，抖抖落在书上的灰土继续读书。

1941年的一天，华罗庚见防空警报过后，日军的飞机很久都没有到来，决定到同事闵嗣鹤所在的防空洞找他讨论一个问题。没想到他刚走到这个防空洞口，日本的轰炸机就抵达上空，投下一堆炸弹，其中一颗正好落在防空洞口附近。霎时间，红土铺天盖地炸开来，瞬间堵住了洞口。当时洞里有个人听到爆炸声后，马上伸手抱住了自己的头，这样他的头和手都没有被红土埋住，可以帮助大家先把脑袋扒拉出来，以防窒息。他们的下半截身体都被红土压得紧紧的。身在另一个防空洞的吴筱元和一些好心人闻讯赶来，花了两三个小时才把他们从土里救出来。华罗庚的耳朵被震出血，但当大家七手八脚把他从土里救出来时，他还嘱咐妻子务必找到被埋在土里的书。

事后，华罗庚一家搬到了更远的郊区大塘子。这是一个小村庄，环境优美，河水清澈，绿树成荫，是个专心做研究的好地方。杨克纯也住在这里，与华罗庚家离得很近，两家关系十分融洽。

住在郊区尽管安全，但到城里上课往返有几十里路。

华罗庚腿脚不便，又没钱坐车，只能搭坐农民的牛车。牛车两边各放着一块长木板，人们挤坐在木板上，加上道路崎岖，华罗庚很快就因颠簸感到腰酸腿痛。为解决这一问题，后来，华罗庚有课时便住在西南联大的单身宿舍里，与陈省身、王信忠同住，达一年之久。

华罗庚之所以称在西南联大的那段日子为他的"第二劫难"，不仅是因为战争环境下生活的窘迫，更是因为当时日本人企图阻止这些知识分子进行科学研究，断绝他们与外界的信息交流。华罗庚和其他教授一样，由于缺乏资料，科研工作举步维艰。加上生活所迫，很多大学教授不得不放弃科研和教学工作，想方设法地离开西南甚至离开中国。但是，华罗庚始终没有向困难低头，即使在如此艰难的情况下，他依旧写出20多篇论文，开展数学专题的研究和讨论活动，并完成了第一本数学专著——《堆垒素数论》。

为什么华罗庚能够始终对数学保持如此巨大的热情？从他和子女们的对话中，也许能够找到答案。

"你们觉得这个世界上最美的东西是什么？"

"玩具最美。"最小的儿子天真地回答。

"当大夫！"大儿子华俊东说，"当大夫能够帮人们治病，那么多受伤的人就不会死了。当一个大夫能把病人治好，那就是最美的事情。"华罗庚欣慰地看着善良的大儿子。

"华顺,你觉得什么最美?"华罗庚问女儿。

"我觉得音乐最美。"

华罗庚见儿女们都能够心有所想,都有自己的世间最美,不由感到一丝欣慰。

"爸爸觉得什么最美?"孩子们反问道。

"你们所讲的东西都很美,但对爸爸来讲,数学最美。"

孩子们看到父亲每天都在钻研数学,也很好奇为什么数学有如此大的吸引力。

"有人说,数学是上帝用来书写宇宙的语言,这句话说得很好,很有道理。我希望你们长大了也能爱数学,学习数学。"

华罗庚是真正热爱数学的人,他钻研数学不是为了生计,更不是为了名誉,而是出于一颗简单的热爱之心。正是对数学的这份赤诚,让他在任何环境下都能够坚持,一如既往地在神奇的数学世界里摸索前行。

2. 最美贤内助

在西南联大,华罗庚一家的生活是极其艰难的。刚开始为了躲避日军的空袭,华罗庚一家住在昆明郊区一个叫黄土坡的小村子里。白天,华罗庚拖着残疾的腿去给学生们上课；晚上回到村子的小屋里，点上一盏小油灯，在微弱的灯光下研究数学问题。他忘我地工作着，全家人的衣食来源只有他那微薄的工资。

在这段日子里，华罗庚始终感谢妻子吴筱元为了自己所做出的牺牲。那时的华罗庚精力旺盛、思维敏捷，正是专注于数学研究的黄金时期。吴筱元不忍丈夫因为生活窘困而受到影响，为了不让丈夫分心，她默默地承担了繁重的家务。因为住处离菜场很远，她每天都要走好几里路去买菜、买米，再用瘦小的身躯把它们扛回家。后来她干脆在房前空地上种些蔬菜，节省花销。

由于家中人口众多，刚出生的儿子又需要营养，华罗庚一个人的工资实在是捉襟见肘，吴筱元不得不精打细算地过日子。她看到村子里有井，就不再花钱买水，而是每天从井里打水并把水挑回来。衣服破了，她就用碎布头缝缝补补，大孩子的衣服留给小一点的孩子穿，她自己则几年都没有添置一件衣裳，全家人的鞋子都是她一针一线纳出来的。家里但凡有了改善的伙食，她都一定要留给孩子和丈夫，自己永远是粗茶淡饭将就一下。

即使在这样的环境下，吴筱元也从来没有在华罗庚面前抱怨过，她无时无刻不在想着如何更好地帮助丈夫，为他减轻负担。空闲的时候，她就靠以前在娘家学得的女红手艺找来绣手绢的活计，尽量赚些钱贴补家用。

1939年，他们的二儿子华陵出生，家里的生活雪上加霜。熊庆来夫妇曾多次接济华罗庚,当华罗庚夫妇不好意思收下钱物时,他们总是说:"这是借给你们的,以后有了再还。"但华罗庚事后总是将钱退还给熊庆来,并说:"非常感谢,我还勉强可以维持。"有时家里有稀罕食物,熊庆来的夫人姜菊缘便会请华罗庚到家里来聚餐。

1942年以后,昆明上空的防空警报渐渐变少,华罗庚一家又搬了几次家。1944年,他在离城很近的蔡家村租了3间土坯茅草房。

有一次,附近的农民送给吴筱元两个鸡蛋。她心疼丈夫白天忙着上课,晚上还要写论文熬到深夜,于是就藏起一个鸡蛋,等孩子们晚上睡觉后,把鸡蛋煮给丈夫吃。华罗庚看着煮熟的鸡蛋,给妻子出了一道简单的数学题:"一个鸡蛋重0.5公两,把它平均分成5份,每份多少公两?"吴筱元说:"当然是0.1公两啦。"随后,华罗庚把鸡蛋分成5份,自己吃了其中的一份,剩下的4份留给妻子和孩子。吴筱元见状,眼泪夺眶而出。华罗庚笑着安慰她:"等这本《堆垒素数论》出版了,我们去割几斤肉,全家美美地吃一顿。要是还剩有钱,就给你和孩子们添几件新衣服,再给我自己买两包烟——真想抽支香烟呀……"他的专著《堆垒素数论》就是在这样艰苦的条件下完成的。

华罗庚始终无法忘记,在那些艰苦岁月里,妻子独自承担起家庭的重担,使他能够专心于数学研究。每当他埋首灯下做研究时，身边总是极其安静。后来他才知道，妻子为了给他提供一个安静的环境，总是守在孩子们身边，一旦小儿子哭闹，她就立刻把孩子抱开，哄孩子睡觉。孩子们病了，她就日夜守候，从来不向丈夫抱怨什么。华罗庚对家里的很多困难都不甚清楚，还是后来和妻子一起回忆的时候，才知道当时家里常常断炊，而所有这一切都是吴筱元一个人在默默地扛着。

在西南联大的那些日子，华罗庚每天晚上都在小油灯下痴迷地钻研，身边陪着他的是做功课的孩子们，还有做针线活或者哄孩子的妻子。夜深人静的时候，孩子们都睡下了，妻子不忍打扰，只是坐在旁边陪着他。

吴筱元晚年的时候，很多人去采访她，当问起当年为什么能独自承担那么多生活重担，并且始终支持丈夫时，吴筱元笑着说："我能帮他一点忙，他就少操一点心！他这个人呀，读起书来，或者解起数学题目来，会忘记吃饭、穿衣，总得有人帮他、照料他才行！"这些朴实的话语没有什么大道理，但字字句句都透露出她对丈夫的关爱和支持。

或许是华罗庚对科学的执着以及乐观的生活态度，影响了温良贤淑的吴筱元，使她也能怀着乐观积极的态度对待贫困艰难的生活；又或许是坚强善良的妻子影响了不懈追求的华罗庚，他才能全身心地在数学的海洋里遨游，一心一意地深入钻研探究。

3. 患难之交闻一多

1945年8月的一天，华罗庚摇摇晃晃地回到家中，吴筱元发现他一身酒气。因为身体不好，家中生活又极为艰难，华罗庚几乎滴酒不沾，这次一定是发生了什么重大事情。果然，华罗庚满含泪水地告诉妻子："抗日战争胜利了。"华罗庚一家满心欢喜地期待着战争胜利后返回北平，结束在西南少吃无穿的生活，过上安稳日子。然而，谁也没有料到，抗日战争刚刚结束，国民党反动派又挑起了内战，国家又陷入战火之中。

在西南联大的学生们发出怒吼，组织了大规模的示威游行。这一次，教授们昂首阔步地走在队伍的最前面，用自己的方式表达他们的政治意愿，那就是追求并守护和平与民主！

这一时期对华罗庚影响最大的一个人，莫过于著名的民主人士闻一多。

闻一多比华罗庚大11岁，两人在清华大学时便已经认识，华罗庚对闻一多的为人和学问都十分钦佩。来到昆明后，华罗庚经常与闻一多、吴晗、楚图南、王时风等人一起讨论国家大事，发表个人看法。在他们的影响下，华罗庚开始阅读《苏联共产党（布）历史简要读本》《反杜林论》等书籍,对国民党阻止民主运动的暴行感到痛心。他一度想要离开昆明,到延安去,但王时风劝说他还是继续研究数学为好。闻一多也劝解他说:"有志向的中国人哪个不苦闷,哪个不愤怒?许多知识分子已对国民党的统治感到失望,反独裁、反内战、反饥饿是大家的共同心声。中国此时需要的是置生死于度外的民主战士!"

1938年,闻一多在日军的一次轰炸中头部受了伤;1940年夏,日军的一颗炸弹又落在闻一多家的后院,幸好是颗哑弹,没有造成伤亡。事后,闻一多搬到离城10多里的陈家营村居住。

华罗庚在1941年的那次空袭中险遭"活埋"后,举家搬到了大塘子,在大河沟躲警报,一时没有找到合适的住所。大河沟离陈家营不远,闻一多听说华罗庚有难,便热情地邀请他家来陈家营同住。

闻一多住的是一座土木结构的二层小楼,楼下是灶房和牲口圈,闻一多一家八口住在二楼本来已经很拥挤,但还是把稍大的一间正房腾出来让华罗庚一家居住。两间正房之间没有隔墙,只是用床单隔开,华家住里间,闻家住外间。尽管条件艰苦,但两家人相处亲密无间,情如一家。

闻一多与华罗庚虽然住在一起,但并不是整天待在一起闲聊,他们只在空闲之余谈谈时事见闻。每天晚上,

第五章　艰难岁月

他们都点着小油灯,一个钻研数学,一个陶醉于古书之中,撰写《伏羲考》。据华罗庚回忆,"无论春寒料峭,还是夏日炎炎,他总是专心工作,晚上在一盏小油灯下一直写到深夜,陶醉在古书的纸香中。研究盘瓠的结果,是写了一大篇《伏羲考》,他的欣喜常常溢于言表。但是,毋庸讳言,当时他对盘瓠的兴趣,显然在对政治的爱好之上。通过这一段患难之交的共同生活,一多先生严谨的治学态度对我影响很大,成为我毕生学习的榜样"。而闻一多也很钦佩华罗庚的数学天赋和勤奋刻苦的学习精神,常常鼓励自己的孩子说:"你们应该像华叔叔那样勤奋用功,认真读书,将来才能成为对社会有用之人!"

在这块贫瘠的土地上,两个同样在困苦中挣扎的家庭,就这样相互扶持,一起期盼曙光的出现。那时,在西南联大众多对知识与真理孜孜以求的教授、学者中,有这样两个身影——华罗庚忙于数学演算,闻一多则埋首考古。这两个家庭"隔帘而居",一样清贫却也一样执着,物质生活的匮乏并没有阻止他们探寻知识、追求真理的脚步,反而让他们更笃定、坚强地在自己的园地里辛勤耕耘、默默劳作。

这段时间,李公朴经常过来与闻一多商量民盟(中国民主同盟)的事情,由此与华罗庚认识,他们后来也成了很好的朋友。李公朴的祖籍是常州,与金坛相邻,和华罗庚算是同乡。据李公朴的夫人张曼筠回忆，李公朴与华罗庚"如亲兄弟一般。公朴亦常常谈到罗庚是一位学者，更是一位爱国者，一身正气，疾恶如仇，对当时国民党的倒行逆施恨之入骨"。

1941年10月，西南联大文学院为闻一多另找了一处房子，闻一多就把陈家营的房子留给华罗庚一家居住。这以后，两家人见面的机会少了很多，但彼此间的情谊并没有改变。

闻一多和华罗庚一样，家中人口众多，所以生计颇为艰难。闻一多除了在大学教书以外，还兼任中学教员，但仍难以糊口。闻一多的父亲精于雕刻和图章，闻一多得其真传，于是从1944年夏天开始搞起了治印。他专门刻了一枚名章送给华罗庚，并在旁边刻有几行小字作为言简意深的说明：

> 顽石一方，一多所凿。
> 奉贻教授，领薪立约。
> 不算寒伧，也不阔绰。
> 陋于牙章，雅于木戳。
> 若在战前，不值两角。

这枚图章是闻一多与华罗庚真挚友谊的见证。此后虽然辗转流离，华罗庚始终珍藏着它。他常常说，这不是普通的印章,而是他们之间患难与共的凭证,也是他们之间崇高友情的象征。

在中华民族生死存亡的关头,闻一多受日渐高涨的民主运动影响,从故纸堆中走了出来。1944年,西南联大组织了"五四运动"纪念晚会。会上,闻一多不顾国民党特务的威胁,不顾可能带来的生命危险,公开站出来发表讲话,支持进步的学生运动。

这一切,华罗庚都看在眼里,深为闻一多的进步和勇敢震动,没想到一向温文尔雅的闻一多竟然有如此胆量和气魄!在与老朋友的交流中,闻一多说:"也许在很多人眼里,我是彻底变了,变得激进,甚至是偏激了,谣言四起,甚至有的人说我是穷疯了才失去理智,投身于所谓的民主运动。但是我对这一切都不在乎!罗庚,你也亲身体会到生活的艰难,国家已经被战争、被这腐败的政府糟蹋成什么样子!我们不能失去骨气,更不能失去正义!没有了正义,那就是无耻,是自私!你也看到了,现在老百姓的生活是什么样子。要不是这些年颠沛流离,我们还是只会埋首故纸堆里,哪能体会到民众的疾苦?我们研究科学是为了什么?难道不是为了有一天国家能够强大,百姓不再受凌辱吗?可是现在,我们看着国人在自己国家内都得不到安全,自己人受自己人欺侮,我们还能自欺欺人地宣告科学研究救国保民的高尚立场吗?"

闻一多的话令华罗庚深受震撼,他开始重新思考做研究的意义,也开始思考究竟应该如何去爱这个国家。他曾

用一首诗写出了他与闻一多的深厚情感:

> 挂布分屋共容膝,
> 岂止两家共坎坷。
> 布东考古布西算,
> 专业不同心同仇。

1944年,中国共产党地下组织计划在云南大学举行抗日战争时事报告晚会,国民党当局得知后,想方设法地破坏这次集会。会前,云南大学的训导长说,会上只准谈学术,不准谈政治。熊庆来作为云南大学的校长,也奉命作了发言,大谈教学的重要性,并且说"变"是不对的,只会带来大乱,等等。闻一多闻言十分愤怒,毅然站起来讲话:"有人不喜欢这个会议,不赞成谈论政治,说那不是我们教书人的事。国家糟到这步田地,我们再不出来说话,还要等到什么时候!我们不管,还有谁管?"事后,熊庆来对华罗庚说:"当时是训导长让我去的,不想却上了特务的当,早知道就不该去,你见到一多后帮我解释一下。"华罗庚将熊庆来的话转告闻一多,闻一多说:"当时也是迫不得已啊!自然,我讲话太锋利了些。"在闻一多的影响下,华罗庚和另外一些知识分子更加向民主运动靠拢了。

1945年,闻一多被选为中国民主同盟中央执行委员。1946年,国民党准备发动内战,残酷迫害民主党派人士,扬言要以"四十万重金,收买闻一多的头"。山雨欲来风满楼,大西南已经处于一片白色恐怖之中。这时,闻一多仍旧面不改色地参与昆明的各种民主运动,充满激情地发表演说。

1946年春,华罗庚接到苏联方面的邀请,准备出国访问。闻一多听到这个消息后,立马向华罗庚表示祝贺,他说:"我们要学习苏联,要走苏联的道路,你能到苏联学习,对于将来搞好我们中国的科学事业,一定大有好处。你千万不能错过这次机会呀!"华罗庚离开昆明之前,最担心的就是闻一多,他忧心忡忡地劝闻一多:"眼下形势如此严峻,而且很多原来在昆明从事民主活动的同志都已经走得差不多了,还是离开一段时间为好,千万要小心啊!"闻一多听了,坦然一笑:"罗庚,不用担心我。要斗争就一定会有人倒下去,但是一个人倒下去,千万个人会站起来!形势越是严峻,我就越应该把责任担起来。两千多年前的老子就说过,'民不畏死,奈何以死惧之!'难道我们这些跟科学打交道的人还不如古时候目不识丁的老百姓吗?"华罗庚听到这些话,知道闻一多决心已定,不可能再改变了。

但是,华罗庚万万没有想到,这次谈话竟成了他与闻一多的永诀。当华罗庚从报纸上看到闻一多惨遭杀害的消息时,他无比震骇,看着窗外的景色,他的眼前逐渐弥漫了一层水雾。这个他热爱的国度,正处于正义与邪恶的激烈较量中。他看到了友人的鲜血,看到了敌人的屠刀,却不知美好而光明的未来何时到来。不知不觉中,他流下了难过的泪水,他期待溅洒了无数民主志士鲜血的祖国,迎来彻底的改变。为了祖国更美好的明天,他将竭尽全力,更加努力地做研究。

值得庆幸的是,吴筱元当时留在昆明,经常去看望闻夫人并劝解她;华顺也到医院帮忙护理为了保护闻一多而受伤的闻立鹤。她们尽己所能地替华罗庚略尽朋友之义。后来,华顺认闻夫人为干妈,两家的关系又进了一步。1950年,华罗庚从美国回到北京后,去看望闻一多的家人,两家人一起合了影。

30多年后,华罗庚在纪念闻一多的文章中写道:"作为一多先生的晚辈和朋友,我始终感到汗颜愧疚,在最黑暗的时刻,我没有像他那样挺身而出,用生命换取光明!但是,现在我又感到宽慰,可以用我的余生,完成一多先生和无数前辈未竟之事业。"他还赋诗抒发自己的怀念之情:

闻君慷慨拍案起,愧我庸懦远避魔。
后觉只能补前咎,为报先烈献白头。
白头献给现代化,民不康阜誓不休。
为党随处可埋骨,哪管江海与荒丘。

第六章　数学家的国界

自 1946 年，华罗庚先后到苏联、美国进行访问和考察，并被美国伊利诺伊大学聘为终身教授，生活渐渐安定下来。然而，新中国成立后，他毅然选择回国，并写下一封饱含深情的公开信鼓励留美学生回来报效祖国。

1. 访苏三月

华罗庚对苏联为期三个月的访问，使他真正感受到了中国与其他国家在科学发展上的巨大差距。

1946年，苏联科学院与苏联对外文化协会联合向华罗庚发出邀请，欢迎他到苏联进行访问。华罗庚接受了苏联方面的邀请，并得到好友闻一多的支持。

同年2月25日，华罗庚从昆明出发，先飞到印度的加尔各答。因为申请办理乘机优先证费时甚长，他在加尔各答停留了十余天。在这里，他与印度数论学家皮拉讨论了数论问题。皮拉教授后来写了一本数学专著，他在序言起首便这样写道："我写这本书，得到华罗庚教授的很多帮助。"

3月8日，华罗庚乘机离开加尔各答，取道卡拉奇、

第六章 数学家的国界

巴士拉、德黑兰等地,于 3 月 20 日抵达莫斯科。

早在 20 世纪 30 年代,华罗庚进入清华大学时,就与苏联科学院数学研究所所长、著名数学家维诺格拉多夫有过通信联系,两人经常在书信中就一些数学问题进行讨论,他们对 20 世纪 20 年代以来数论领域的研究进行了系统论述,对该领域将来的研究方向产生了重大影响。为了保存这些重要研究成果,苏联的《报告》杂志专门刊登了华罗庚关于这方面的文章。这本杂志是苏联境内只用于公布科学研究结果的杂志,几乎没有刊登过外国学者的论文,由此可见苏联学术界对华罗庚的赏识和尊重。

由于苏联是社会主义国家,华罗庚这次访苏活动引起了国民党的极度不满。当华罗庚乘坐的飞机因为天气原因受困于伊拉克的雪山上时,国民党在德黑兰的大使馆竟然拒绝了华罗庚的求助,理由是:到苏联去,就是戴上了"红帽子"!

华罗庚非常气愤,这种用政治立场限制科学交流发展的愚蠢行为令他极度不满,他在飞机上写了一首诗来宣泄心中的怒火:

我欲高飞云满天,我欲远走水溢川。
茫然四顾拔剑起,霜华直指霄汉间。

几天后，在苏联大使馆的帮助下，华罗庚转乘一架运输机来到斯大林格勒（今俄罗斯伏尔加格勒）。

华罗庚在苏联分别与维诺格拉多夫、舍盖尔，波兰数论专家瓦尔菲茨、林尼克、庞特里雅金、沙法列维奇等见面会谈，这些人都是在国际数学界享有盛誉的专家。

1946年3月28日下午，华罗庚应邀参加斯泰克诺夫研究所的研讨会，遇到了神交已久的维诺格拉多夫。维诺格拉多夫告诉华罗庚，《堆垒素数论》俄文版即将付印。华罗庚在原稿上用中文写下书名，但他表示如果印刷不便，可以不必印中文书名。维诺格拉多夫承诺将极力保存原样。华罗庚当即写下："谨以此书祝中苏邦交永笃。"会后，维诺格拉多夫邀请华罗庚到自己家里做客。华罗庚在日记里记录了两人的交往细节："访维诺格拉多夫于其家中。他的家有四间极其宽大的房子，仅他和他的姐姐居住。他留我在他家吃饭，从午后一点半直到五点半才把一顿饭吃完。"两人都有相见恨晚之感，除了数学问题，他们还谈论了两国在时政、文化、教育等方面的情况，最后，两人尽欢而散。

在研讨会上，华罗庚也与舍盖尔进行了交谈，舍盖尔很佩服华罗庚的数学方法，称赞它极为准确、精密。舍盖尔在苏德战争前便开始翻译《堆垒素数论》，战争爆发后他的翻译工作一度停顿，由巴谢列柯夫教授负责后续的翻译工作。舍盖尔还说，他在莫斯科大学的数论课上讲述了华罗庚的"中值定理"，让学生们大开眼界。

在与庞特里雅金交谈时，华罗庚意外得知他只比自己大两岁。庞特里雅金写有《连续群》一书，华罗庚曾以此书作为教材，教授过连续群论。庞特里雅金双目失明，他的大部分著作由他的母亲抄写成文，这次研讨会上，他的母亲也陪伴在侧。华罗庚很敬重这位母亲，问她："您给了您儿子不少帮助，您对数学也一定很有研究。""不，我对数学就像对中文一样陌生，我只是力所能及地帮助他。"庞特里雅金的母亲谦虚地回答道。

在苏联期间，华罗庚先后作了题为"矩阵几何学""自守函数论""多个复变数函数论"的学术报告，介绍了他从1942年至1946年的研究成果，受到苏联数学界的普遍好评。

华罗庚发现苏联有很多学生学习数学专业，与中国的情况很不一样。仅格鲁吉亚大学就有超过600名学生学习数学，占学生总数量的近三分之一，而西南联大数学系只有30多名学生，两者相差甚远。格鲁吉亚的教育部部长库柏拉齐得知这种情况后，很疑惑中国为什么这么不重视数学教育。华罗庚微笑着反问道："这么多学生难道以后都会从事数学研究的工作吗？他们毕业后，有什么出路？"库柏拉齐巧妙地回答："头脑受过数学训练的人，你还会担心他们没有出路吗？"这时，维诺格拉多夫在一旁补充道："数学是科学之母，一个国家如果数学不发达，其他什么都谈不上了。"格鲁吉亚教育部部长的态度及苏联学术界对数学的认识，促使华罗庚对中国的数学教育事业产生了更多的思考。

在苏联，华罗庚还深入接触了一种独特的数学教育模式——数学竞赛。一个周末，华罗庚参加了由柯尔莫哥洛夫和亚历山德罗夫举办的、面向第 9 届苏联数学竞赛的部分参与者的主题报告。这种竞赛每年都会在苏联举行，这一年共有 3000 多名学生报名参加。赛后组委会将挑选出 360 名优秀学生，由两位杰出数学家利用周末时间，轮流给他们进行指导。

报告当天，整个讲堂座无虚席，讲坛上的著名数学家那种诲人不倦的精神、循循善诱的神情，深深感染了华罗庚。他希望自己也能够像他们那样，为中国的数学教育事业贡献力量。

报告进行时，华罗庚环顾讲堂四周，发现有很多中年人甚至老年人也来听讲座。询问之后他才知道，这些人几乎都是来自苏联的中学教师，他们希望通过聆听大师的报告提升自己，以便更好地教导学生。华罗庚十分感动，苏联人民对数学的敬畏和热爱令他动容。

他在 1946 年 3 月 22 日的日记中写道："我想到我们中

国科学界的情形：中国有一般人，认为数学无用；也有一些数学家，自己对数学研究得很好，但总觉得数学无用武之地。其实，是因为没有中间的这一道桥梁，把数学和应用连接起来。我几年前，就曾呼吁过，我们中国科学要想进步，除去必须注意到理论的研究之外，还需要注意到理论和应用的配合。理论如果不和应用配合，则两相脱节，而欲求科学发达，实在是不可能的。"

受到苏联尊崇数学的风气的震动，华罗庚开始在心底默默筹划中国数学研究所的模式和中国数学教育发展的方向。他规划着中国数学事业的蓝图，酝酿着在中国也开展数学竞赛、数学普及等新型教育方式，培养更多人才。

在苏联的 3 个月，华罗庚不仅考察、了解了苏联在数学、科学方面的现状和成就，还对苏联的文化、教育、社会等方面进行了全面了解。

华罗庚欣赏了苏联美丽的自然景观，与祖国如今因为战争而满目疮痍的凄惨景象相比，这里显得无比美丽。看到苏联科学院专属的高楼，苏联科学家在其中安静而认真地做研究，再回想自己和同事们在昆明的窘境，华罗庚不由心生感慨；看到莫斯科广场上庆祝五一节的苏联人民载歌载舞，不禁想到中国人民什么时候才能这样无忧无虑地庆祝胜利；来到莫斯科大学图书馆，看到阅览室中悬挂着著名数学家、文学家等的照片和名言，他更是羡慕和感慨。

华罗庚这次访问苏联重在学术研讨，与政治或者社会制度关系不大，而他在《访苏三月记》无意中对苏联与中国社会所进行的种种对比，则流露出他对苏联社会状态的向往。

在苏联，有朋友表示愿为华罗庚治疗腿疾，但因治疗时间较长，需要4个月左右，而华罗庚又即将前往美国考察访问，只能作罢。

1946年5月12日，华罗庚结束了对苏联的友好访问，返回中国。回国后，他冒着生命危险，在昆明给数以千计的大学生做了关于苏联访问过程的报告。这个《访苏三月记》的报告让更多青年学生看到了曙光，也看到了世界的另一面，更加激发他们潜心学习、研究以改善中国社会的积极性。

后来，在上海《东南日报》记者赵浩生对他的采访中，华罗庚提起这次对苏联的访问，仍难掩激动之情："我在苏联发现有很多开始学习实用科学的人，最后常常转到数学中来。因为许多不能解决的问题，只有在数学中才能找到答案。在苏联有很多学生学习数学，从这一点就可以证明，苏联对实用科学和理论科学的重视，这也正是我们应该学习和借鉴的地方。"当赵浩生问到中外学生在研究能力上有无差别时，激动的华罗庚从椅子上站起来说道："中国人绝对不比外国人差！我们只是在环境上、设备上太过落后，但我相信只要我们肯努力，终究会赶上他们甚至超过他们！"

华罗庚在采访中说到很多他在苏联思考的关于中国科学和教育的问题，当被问到科学与政治的关系时，他语重心长地说："科学和政治实在是无法分开，但中国的科学研究者一定要努力设法将政治与科学分开，非如此挣扎，不能够有些微的成就。这就是中国科学研究者的最大苦闷。"

2. 访问美国

华罗庚在1943年曾收到美国普林斯顿高等研究院的邀请，而且当时的教育部部长陈立夫也特别批准补助他1000美元作为旅途费用。但是，因为可能牺牲独立发明的声誉，华罗庚决定推迟访美。1946年，在普林斯顿大学魏尔教授的邀请下，他的访美之旅终于成行。

临行前两个月，华罗庚带着家人来到上海，住在兆丰公园对面的中央研究院楼上。其间，他回了一趟金坛，向家乡的老师、同学及父老乡亲告别。金坛的朋友胡柏寿问及出国的原因，华罗庚为难地说："中国处在异常困难的境地，形势实在太糟，我根本无法从事研究。可是，我们又不能等到需要科学的时候才开始研究科学。"至于何时回国,至少要"等国内政治澄清之后"。想到妻子儿女还得继续待在上海,他内心难免担忧:"在上海那种环境里,简直不知道有什么方法可以活下去。"

9月,华罗庚和曾经一起在西南联大工作和学习的李政道、朱光亚、唐敖庆、曾昭抡等人一起,登上了停泊在上海黄浦江畔的"美格将军号",踏上了前往美国的旅程。

这些刚从昆明的泥淖中走出来,准备进一步追寻科学真理的知识分子无法想象,正是他们引领了中国未来科学的发展:唐敖庆后来成为中国著名的物理化学家;朱光亚在中国核物理领域做出了杰出贡献;这群人中最年轻的李政道,与杨振宁一起发现了"宇称不守恒定律",获得诺贝尔物理学奖;还有人们熟悉的华罗庚,则是未来每个学习数学的人都无限景仰的数学"高峰"。这些民族精英,站在甲板上凭栏而望,看着渐行渐远的祖国,期待到美国学习掌握了先进科学技术,以报效祖国。

让这群科学家惊讶的是,有一天,突然有人跑到他们的船舱,急切地询问谁是华罗庚。华罗庚疑惑地站起来,看到一位威风凛凛、精神矍铄的老人向他走来。这个人就是人所共知的冯玉祥将军。冯玉祥将军走上前来拉着华罗庚的手,微笑着嘘寒问暖,一遍遍询问他们有什么困难或要求,他会尽量提供帮助。冯玉祥将军的言语,让这些科学家看到他对知识的尊重和爱惜。冯玉祥知道,中国要想

第六章　数学家的国界

追赶上世界科学的潮流，必须发展科学，必须保护这些为了科学甘愿献身的人才。

见到华罗庚后，冯玉祥语气一变，对身边的警卫人员说："这就是蒋介石对待科学家的态度，看看他们一个个瘦弱的模样，没有吃饱吃好，怎么搞研究！"冯玉祥还注意到华罗庚的腿疾，关切地询问了他许多生活上的不方便之处，嘱咐华罗庚有什么困难尽管提。

正如当初冯玉祥将军在轮船上发出的感慨一样：中华民族如果有几千、几万个像华罗庚、朱光亚、唐敖庆这样的自然科学家和社会科学家，中华民族就不会落后，我们的青年就可以奋发有为，蓬勃向上地建设国家，为祖国强大与世界和平做出应有的贡献。

经过一番颠簸辗转，华罗庚一行终于到达美国普林斯顿。

据说为了方便起见，军政部事先特地在华罗庚等人的护照上备注"将军"身份。不料入境后，海关人员根本不理会他们的"将军"身份。华罗庚无奈，只得迈着艰难的步伐向队尾走去，结果又被请回来，理由是残疾人优先，这就有了"将军不如残疾人"的故事。

普林斯顿大学是一所世界著名的综合研究型大学，那里环境优美，林木茂密，人才济济，学术氛围浓厚。著名数学家韦尔、西革尔、冯·诺依曼、韦伯伦、哥德尔、赛尔贝格与爱多士都曾在这里供职。中国学者也不少，数学方面有王湘浩、闵嗣鹤、徐贤修，物理方面有张文裕、吴健雄、袁家骝，化学方面有梁守槃，等等。

让华罗庚与其他中国学者尤为兴奋的是，美国在科学设施和条件配备上都远远超过当时的中国，科学家们可以在安稳而完备的场所中进行研究。在普林斯顿，华罗庚以客座讲师的身份工作了一年，对美国的教育体制和研究模式有了深刻的体会。他开始思考中国科学的发展前景，明白只有真正唤起全社会对科学的重视，形成一种成熟而有效的科学发展模式，中国的科学事业才会得到快速发展。

对华罗庚来说，在美国访学期间，还有一件事对他的一生影响甚大，那就是治好了腿疾。自从青年时代的那场疾病后，他一直拖着一双残腿生活和工作，这不仅给他个人的日常生活，也给他的科学研究带来诸多不便。

华罗庚在北平时曾去协和医院就诊，但医生认为他体质虚弱，不宜开刀。在英国时医生则说没有把握，访问苏联时因时间紧迫，也未能治疗。他这次访美，在麻省理工学院演讲时，经该校一位数学教授介绍，住进了约翰·霍普金斯大学医学院，打算接受手术治疗。

这次手术整整进行了4个小时，医生从华罗庚的右腿割下一块肉移植到左腿上。经过4个多月的治疗与休养，他左大腿骨的弯曲部分基本得到纠正，左腿可以伸直了，

第六章 数学家的国界

只是左腿较右腿稍微短了一些,需要穿鞋底较厚的鞋子进行平衡。虽然华罗庚双腿无法完全恢复到患病以前的健康状态,但一般行走已经没有太大问题。

为了活动筋骨,华罗庚还遵从医嘱,开始学游泳,并且每天走路。他拍了一张照片寄给妻子吴筱元,吴筱元收到照片后高兴地对亲友说:"他的腿在美国治好了!你看这是他离开医院后散步时拍的照片,两腿可以靠拢了,以前是不能的。从前走路左腿左手都要吃力地绕个大圈子,全身扭得不成样子。现在好了,只是左腿略微短了些,鞋底纳厚点就成了。"

1948年春,华罗庚接受美国伊利诺伊大学的聘请,成为终身教授,这不仅是美国高校对华罗庚取得的数学成就的肯定,也是对一位中国科学家的尊重和认可。美国作家斯泰芬·萨拉夫对华罗庚的天才能力是这样描述的:

在这些年里,与华罗庚相识的美国数学家们,对他那种清晰而直接的数学方法、他的知识深度和他的数学天才,有了更深的印象。他的兴趣扩大到包括多复变理论、自守函数和矩阵几何。活跃的数学家们对华罗庚给他们的艺术所创造的丰富多彩并十分有力的贡献,是熟知于心的。因为他们几乎天天都在运用华罗庚的研究成果。我向一些微分几何学家和代数学家提起华罗庚的名字时,所有这些数学家全都认识。一位群论学家在听到我提起华罗庚的名字时，这样说道："我们有一个著名的有关同构的定理，名字叫华氏定理，那必定是同一个华氏！"一位认识华罗庚的美国数学家狄锐克·莱麦尔告诉我，华罗庚在抽取别人最好的工作成果上有不可思议的能力。他总是能够确切地指出他们的结果中有哪些是值得并可以改进的。他有他自己的许多窍门，他广泛阅读并掌握了20世纪数论的所有制高观点，他的兴趣是改进整个数论领域，他试图推广他所遇到的每一个结果。他的工作在某些方面很像L.舒尔，甚至是诺伯特·魏诺尔，这两个人在数论领域中都做出很多贡献，并将它们推广到很多其他领域……

斯泰芬·萨拉夫表示，他说这些的时候并没有虚构和夸张，而是如实地转述了美国数学界对华罗庚的真实评价。

伊利诺伊大学给予华罗庚很高的礼遇，除了优厚的物质条件外，还让他选择两位杰出的青年代数学家一起工作，用以把伊利诺伊大学建设成一个代数中心。在这里，华罗庚指导了两位研究数论的学者——埃尤伯和舍恩菲尔德。尽管个人背景不同，但对数学的热爱使他们师生相处融洽。

1948年，在美国逐渐稳定下来后，华罗庚开始着手准备让家人来美国团聚。他已经得到消息，国内解放战争进入白热化阶段，中国共产党基本控制了全国大部分地区，

第六章　数学家的国界

蒋介石正试图向台湾转移。如果家人继续在国内生活，很可能被蒋介石一派要挟，如果家人跟随蒋介石去了台湾，结果难以预料。

此时华罗庚来美国还不到两年，手术又花了不少钱，一时无力支付家人的机票费用，只得向同乡友人借了一部分钱，第二年才还清借款。

吴筱元想到可以跟日思夜想的丈夫团聚，心情十分激动。她先让母亲带着最小的孩子华苏回家乡金坛暂住。大女儿华顺正在燕京大学物理系念书，华罗庚在美国为她办好了学校入学手续，可以免费就读。但华顺并不打算去美国，她在信中真诚地告诉父亲，她已经加入中国共产党，成为一名革命战士。现在革命尚未结束，她不能卸下肩上的使命，跟随母亲和弟弟们去美国。她表达了对父亲的思念，但是留下来为革命效力的决心也格外坚决。她对母亲说："您到了美国跟爸爸说，我已经跟定了共产党。希望爸爸在解放战争结束后，早一点回来！"华罗庚知道华顺的品性，他相信女儿做出了最正确的选择，也支持女儿坚持原则，执着而努力地追求、守护她的理想。于是，吴筱元带着华俊东、华陵、华光3个孩子乘坐飞机来到大洋彼岸的美国。

华罗庚终于和家人暂时团聚了。在伊利诺伊州生活的那段日子里，他们享受着从未有过的安稳。但是，华罗庚始终不忘自己是一个中国人,他每天必读报纸,任何与祖国有关的消息,无时无刻不在牵动着他的神经。正如一句老话所说:"梁园虽好,非久恋之乡。"华罗庚从未想过要永远留在美国,更何况祖国还有他未完成的事业,以及那个一心投身革命的女儿。

3. 心向祖国的游子

随着国内的形势日渐明朗,统一势在必行。1949年2月,华罗庚收到了女儿华顺从北平的来信,信中说:"北平解放了,全城一片欢腾,共产党廉洁奉公,解放军纪律严明,不拿群众一针一线。""新中国的建设需要一大批科学家参加,希望爸爸妈妈赶快回家。"接着,华罗庚又从报纸上看到越来越多的来自祖国的喜讯,他对祖国的信心与日俱增,回国开始被提上议程。

1949年圣诞节,中国在美访问的教授学者们组织了一次晚会,大家齐聚一堂,按照西方的习惯迎接新的一年,也是希望能够迎来新的气象。

有很多名人出席了这次晚会,如钱学森、华罗庚、林家翘都在其中。有人提议让这些赫赫有名、为中国人争了光的科学家们讲两句。到华罗庚时,他有些抑制不住激动的心情,这样说道:"每逢佳节倍思亲啊!诸位,我相信大家来到美国,并非是想在这里久居。当初,我们因为在国内科学家无用武之地才远赴美国。现在,国内在呼唤民主,呼唤科学,而且呼声已经越来越高,我情愿和我的同胞们站在一起,克服困难,而不是站在国外袖手旁观。我认为,这是我们作为一个中国人应尽的义务,要不断地去争取改善我们生活和工作的环境。因此,如果谈希望的话,我希望能够回国,和我的兄弟们一起,把咱们的祖国建设好!"华罗庚的讲话赢得了在场之人的热烈支持。

很多美国人曾经猜想,为什么美国的高楼大厦、大西洋彼岸的美味佳肴,还有怡人的自然风光,都留不住这些东方的天才,更何况还有每年高达 2 万美元的薪金,这在中国是根本无法想象的生活!后来有人这样分析,华罗庚等中国的科学家们,是在中国饱受战乱之时来到美国,这不是抛弃了国家,只是在战争时期没有用武之地的无奈之举;他们在等待中国能够拥有稳定的社会环境,能够重视他们这些掌握着先进科学技术的知识分子。他们甚至没有想过要到美国来追求更好的生活,而恰恰是怀着一种学习美国技术的心理,等待有一天能回到自己的国家大展身手,为自己的国家奋斗。现在中国的局势已经基本稳定,他们所期望的社会就要到来了,他们也没有理由再继续留在这里。

对于选择回到祖国的原因，20世纪60年代，华罗庚在《人民日报》上发表了一篇题为《春风吹拂换人间》的文章，其中做了客观的解释，他在文中说到，到了美国，生活是有所改善的，但是社会关系却是地地道道的一种买卖关系。金钱第一，是有目共睹的。歧视黑人，固为人所知，但黄种人、犹太人、希腊人、意大利人，也都在被歧视之列。上商店去买条裤子，店员很自然地拿出粗货，如果请他拿细料，他会悻悻地说："你们黄种人穿这种料子正合适，在洗衣间里耐磨经穿。"是的，在他们心目中的黄种人，不是洗衣作坊的工人，就是中国饭铺的厨师……人老珠黄不值钱，教授也不例外。

下定决心回国后，华罗庚开始准备相关事宜。当时美国实行麦卡锡主义，在美华人一不小心就有可能以莫须有的罪名遭到迫害，中国人的处境越来越危险。但华罗庚还是冒着巨大的风险，参加当地留美学生和学者争取回国的运动，并在其中起到了领导作用。

华罗庚担任了一个中国学生团体的负责人，他自信而骄傲地对那些仍对中国的发展前景持怀疑态度的人说："中国是一个泱泱大国，是一个伟大的古老民族，为什么我们的数学会这样落后？我们有能力赶上去，而且我想，我们一定可以赶上去！"

伊利诺伊大学得知华罗庚要回国后，真诚地挽留他，

第六章 数学家的国界

甚至建议他"先回去看看,孩子由伊大照料",但是,华罗庚怀着"中国人应当站起来"的坚定信念,决意回国。

他的学生们知道此事后,都陆续前来与老师告别,并购买数学名著送给他作为纪念。华罗庚还预付了一笔钱,让美国科学家年会定期把《数学评论》《数学学报》等刊物寄给他。这些杂志对后来初创的中国科学院数学研究所起到了很大作用。

1950年年初,华罗庚决定先乘轮船到香港,再回北京。如果美国阻拦,他就先去欧洲,再从苏联回国。幸好一切还算顺利,他们从旧金山乘轮船来到香港。因为走得比较急,华罗庚有一部分工资都没有领取。

抵达香港后,华罗庚闭门谢客,花几天时间写了一封《致中国全体留美学生的公开信》。这也是他投向新中国的决心书。他在信中写道:

朋友们:

不一一道别,我先诸位而回去了。我有千言万语,但愧无生花之笔来一一地表达出来。但我敢说,这信中充满着真挚的感情,一字一句都是由衷心吐出来的。

坦白地说,这信中所说的是我这一年来思想战斗的结果。讲到决心归国的理由,有些是独自冷静思索的果实,有些是和朋友们谈话和通信所得的结论。朋友们,如果你们有同样的苦闷,这封信可以做你们决策的参考;如果你们还没有这种感觉,也请细读一遍,由此可以知道这种苦闷的发生,不是偶然的。

让我先从大处说起。现在的世界很明显地分为两个营垒:一个是为大众谋福利的,另一个是专为少数的统治阶级打算利益的。前者是站在正义方面,有真理根据的;后者是充满着矛盾的。一面是与被压迫民族为朋友的,另一面是把所谓"文明"建筑在不幸者身上的。所以凡是世界上的公民都应当有所抉择:为人类的幸福,应当抉择在真理的光明的一面,应当选择在为多数人利益的一面。

朋友们!如果细细地想一想,我们身受过移民律的限制,肤色的歧视,哪一件不是替我们规定了一个圈子。当然,有些所谓"杰出"的个人,已经跳出了这圈子,已经得到特别"恩典","准许""归化"了的,但如果扪心一想,我们的同胞都在被人欺凌,被人歧视,如因个人的被"赏识",便沾沾自喜,这是何种心肝!同时,很老实地说吧,现在他们正想利用这些"人杰"。

也许有人要说,他们的社会有"民主"和"自由",这是我们所应当爱好的。但我说诸位,不要被"字面"迷惑了,当然被字面迷惑也不是从今日开始。

我们细细想想资本家握有一切的工具——无线电、报纸、杂志、电影,他说一句话的力量当然不是我们一句话

第六章 数学家的国界

所可以比拟的；等于在人家锣鼓喧天的场合下，我们在古琴独奏。固然我们都有"自由"，但我敢断言，在手酸弦断之下，人家再也不会听到你古琴的妙音。在经济不平等的情况下，谈"民主"是自欺欺人；谈"自由"是自找枷锁。人类的真自由，真民主，仅可能在真平等中得之；没有平等的社会的所谓"自由""民主"，仅仅是统治阶级的工具。

我们再来细心分析一下：我们怎样出国的？也许以为当然靠了自己的聪明和努力，才能考试获选出国的，靠了自己的本领和技能，才可能在这儿立足的。因之，也许可以得到一结论：我们在这儿的享受，是我们自己的本领，我们在这儿的地位，是我们自己的努力。但据我看来，这是并不尽然的，何以故？谁给我们的特殊学习机会，而使得我们大学毕业？谁给我们所必需的外汇，因之可以出国学习。还不是我们胼手胝足的同胞吗？还不是我们千辛万苦的父母吗？受了同胞们的血汗栽培，成为人材之后，不为他们服务，这如何可以谓之公平？如何可以谓之合理？朋友们，我们不能过河拆桥，我们应当认清：我们既然得到了优越的权利，我们就应当尽我们应尽的义务，尤其是聪明能干的朋友们，我们应当负担起中华人民共和国空前巨大的人民的任务！

…………

朋友们！"梁园虽好，非久居之乡"，归去来兮！

但也许有朋友说："我年纪还轻，不妨在此稍待。"但我说："这也不必。"朋友们，我们都在有为之年，如果我们迟早要回去，何不早回去，把我们的精力都用之于有用之所呢？

总之，为了抉择真理，我们应当回去；为了国家民族，我们应当回去；为了为人民服务，我们也应当回去；就是为了个人出路，也应当早日回去，建立我们工作的基础，为我们伟大祖国的建设和发展而奋斗！

朋友们！语重心长，今年在我们首都北京见面吧！

1950年2月归国途中

1950年3月11日，新华社向全世界播送了华罗庚的公开信。在祖国召唤和华罗庚的鼓励下，从1950年到1957年年初，大批海外留学生、学者冲破重重阻力，从美国、英国、法国、日本等国回到祖国的怀抱，投入新中国的社会主义建设中，掀起了一股海外学子归国的热潮。在这些人中，不乏日后为新中国的建设做出伟大贡献的杰出人士。

华罗庚终于坐上了回北京的火车，美国已经成为遥远的过去，他回到了这片令他魂牵梦萦的土地。无论如何，这个叫作中国的国度始终是他的母亲，给予他生命，给予他梦想,也给予他人生的全部。他是中国的儿子,无论如何都要回到中国来。

望着窗外渐渐熟悉的景色,华罗庚知道"家"已经不远了。他转身看着陪伴在自己身边的妻儿,心中感到无比欣慰。

20年前,他还是一个初出茅庐的年轻小伙子,告别家人,独自乘坐北上的火车,带着对熊庆来教授的感激和敬仰,前往清华大学开始他心目中的新生活。那时的他还在思考,到底是找份安稳的工作度过下半生,还是冒些风险继续自己热爱的事业。他带着极其简单的行李,澎湃的心潮无法平息,胸腔中他那颗热爱数学的心如水晶般剔透干净。来到一个陌生的城市,不知道前方究竟有什么遭遇,无论光荣还是磨难,他都要勇敢地向前摸索,希望能开辟出自己梦想的那片土地。

20年后,他带着无数荣誉重新回归这座城市,想起当年的懵懂和热情,不禁感到时间竟奇迹般洗刷了所有的苦难,只留下最珍贵的记忆。

这20年来,华罗庚无时无刻不在告诉自己,科学没有平坦的大道,真理长河中有无数礁石险滩,只有不畏攀登的采药者,只有不怕巨浪的弄潮儿,才能登上高峰采得仙草,深入水底觅得丽珠。科学是老老实实的学问,来不得半点虚假,既要有直观洞察的想象能力,又要有步步不落空的钻研精神。攀登悬崖，一步落空就会粉身碎骨！这是无数曾经引导和指教过华罗庚的前辈老师留给他的经验，这些金玉良言一字一句地刻进了他的生命，成为他毕生律己的要求。

20 年来的每一步，华罗庚走得踏实而有力，逐步登上科学的高峰，成就了自己辉煌的事业。他感谢这 20 年来支持和关爱他的可敬的人们，是他们让他始终身处阳光的照耀；他也感谢 20 年来的种种挫折和艰难，让他在经历风雨的磨难之后变得更加坚强。直到今日，他从遥远的国度重新回到这里，恍如隔世。

但是，华罗庚清楚地知道，这里不是终点，而是新的开始，他要在这片曾经经历战火洗礼、现在百废待兴的土地上，开创他的事业，与新中国的科学事业一起出发！

第七章 勇担重任

从美国回来后，华罗庚荣誉感和责任感并存。他下定决心要为祖国贡献所有的力量，着手开创新中国的数学事业。除担任清华大学数学系教授外，他先后筹建了中国科学院数学研究所、计算技术研究所，同时发现培养了一批数学人才。他还颇为关心青少年的成长，为此举办了全国中学生数学竞赛，使青年一代受益匪浅。

1. 成立数学研究所

回到熟悉的清华园,一切似乎又回到了边读书钻研边工作的青年时代。此时的华罗庚,已经不再是那个因只有初中文凭而饱受争议的小伙子,而是一位名副其实的数学权威,能够完全胜任当年熊庆来曾经担任过的清华大学数学系主任的职位。不过,对于经历过种种挫折的华罗庚来说,他根本不在乎这些职位的差别,一心只想开拓数学教育的新天地。

他的归来也在清华园里引发热议,这使他从中看到了校内师生们对他的敬意、拥戴与期望,也给了他奋发向上的力量。他在写给一位中国留美学者的信中说:"我已走马上任,决心在清华园开拓、创业,开辟新的环境。"

在担任清华大学数学系主任后,华罗庚致力于推广他的研究成果——典型群论，希望能培养出这方面的杰出青年。他把家安置在清华园里，以便把更多时间和精力投入到教学与研究中去。他和很多师生成了朋友，鼓励他们在数学上进行钻研，帮助他们解决一些不理解的问题，支持他们探索新的知识。他和万哲先一起解决了法国数学家迪厄多内没有解决的几个典型群问题。裴光明翻译维诺格拉多夫的《数论基础》后，华罗庚热情地为这本书作序，大力推荐这本书。他还用德国数学家魏尔斯特拉斯大器晚成的例子来鼓励迟宗陶，使其坚定信心，努力工作，在狄里赫利除数问题上取得了进展。

  与此同时，华罗庚也没有停止自己的研究工作，仍在继续深化数论方面的研究。这一时期，对华罗庚来讲，无疑是快乐而充实的，他终于迎来了能够逐步实现自己愿望的这一刻。

  1950年4月12日，华罗庚写信给苏联的好友维诺格拉多夫，愉快地告诉他："非常高兴地告诉您，我已辞去在美国伊利诺伊大学的教授职务，现在已在为我的祖国服务了。我又重新担当起了位于中国北京的清华大学教授职务。"

  很快，一个新的重任落到华罗庚的肩上：中国科学院请华罗庚负责筹建数学研究所。

  从1950年起，数学研究所筹备处开始设在北京文津街，1951年迁入清华大学南校门内不远处的一座二层楼房。楼房的后面是家属宿舍平房,华罗庚的住宅也在这里,是一座单独的平房。

华罗庚丝毫不敢懈怠,尽心尽力地筹划工作。从全国各地调集专业人员、搜集材料、准备设备等,在他的领导下,一切都井井有条地进行着。1952年7月,中国科学院数学研究所宣告成立,华罗庚成为第一任所长。核心骨干有陈建功、苏步青、段学复、吴文俊、张宗燧、胡世华、吴新谋、闵乃大、关肇直、田方增等人。

数学研究所在新中国数学领域的发展中起到了至关重要的作用,它使中国数学界有了一个统一的学术机构,不仅在条件的配备和机构的设置上形成规律而有效的管理模式,也使中国数学界在世界上有了正式的代表机构。

对于数学研究所的研究方向,华罗庚有自己的想法,并决心付诸实践。对于抗战期间强调应用,忽略基础研究的情况,华罗庚认为,重视应用没有错,但忽视基础研究显然缺乏长远考虑,应该适当进行纠正。

所以,他在数学研究所成立后大力网罗各方人才,既强调理论研究,又关注应用研究,坚持数学科学的全面发展。然而,当时数学界对应用数学的理解还很肤浅,经常用"数论是不联系实际的""概率统计是联系实际的"等简单粗暴的办法,将数学分支划分成联系实际与不联系实际两类。大家普遍认为,微分方程与概率统计是数学联系实际的两大触角,应该优先加以发展。但具体来说,什么是"实际",是数学用于其他学科就叫理论联系实际还是数学用于生产实际才是实际,大家对此还没有一个具体的概念。

1953年秋,数学研究所首先成立了微分方程组与数论组。这主要是考虑到微分方程是理论联系实际的一个触角,而数论则是华罗庚的专长。微分组的组长是吴新谋,组员有王光寅、丁夏畦、孙和生、邱佩璋等;数论组的组长由华罗庚兼任,组员有越民义、许孔时、吴方、魏道政与王元等。后来,数学研究所又成立了电信网络及电子计算机设计的研究小组,组员有闵乃大、吴几康、夏培肃、王传英等。数学研究所还与北京大学、清华大学合作进行力学的基础研究,成员包括周培源、钱伟长、沈元、庄逢甘、林鸿荪、李敏华、胡海昌、蔡树棠等。

华罗庚号召大家发挥各自的专长,认真研究,争取早出成果。为了方便研究人员发表研究成果,在华罗庚的建议下,数学研究所编辑出版了两套专刊丛书:甲种专刊与乙种专刊。这一措施对推广中国数学研究、培养数学人才起到了积极作用。

在主持数学研究所工作的同时,华罗庚与国外学者也保持密切联系,逢年过节总是寄送卡片,争取留在美国的中国数学家回国工作。陈省身、徐贤修、樊畿都收到过他的贺卡,深为其良苦用心所感动。

1956年冬,数学研究所暂时迁至西苑大旅社;1958年又迁到中关村,与计算研究所同一大楼。

工作渐渐规律起来,华罗庚又恢复了边研究边工作的生活。他和同事或者学生一起研究数学问题、备课、在讲台上绘声绘色地教学、编写教科书、发表论文……他的生活从来不曾空虚过,他将每一分钟都过得充实而有效,每一个瞬间都闪烁着智慧的火花。

不过,在数学研究所的这段时间,华罗庚在纯数学领域的研究工作不是很顺利,先后改行了三四次,而且不管他怎么改,总会受到某些人责难和批判,说他搞的研究"没有用",是为了"追求个人名利"。这让他感到无所适从,也十分伤心。

在数学教育和研究模式上,华罗庚也积极提出自己的意见和建议。他在清华大学的讨论会上说,中国的数学家不能仅仅满足于研究那些从外国搬回来的东西,不能把模仿外国人的研究成果寄到外国杂志上发表,并以此作为我们的研究成就而沾沾自喜。我们需要创新,需要用我们的智慧去挖掘外国人没有解决或发现的新领域。华罗庚说:"这种没有创造性的研究,就好比外国人头上的一朵花,它不仅是没有基础的,而且仅仅是别人的装饰品。"

2. 千里马变身伯乐

华罗庚特别欣赏毛泽东《水调歌头·重上井冈山》中的一句诗:"世上无难事,只要肯登攀。"在数学事业上,他不仅追求个人价值的体现,而且也不遗余力地培养后进。他本人早年遇到了许多贵人,他们的提携、帮助让华罗庚有了今天的成就。对此他始终心怀感激,同时也继承了当年熊庆来教授不拘一格提拔人才的优良传统。

自 1950 年回国后,他除了在数学研究上继续做出新的贡献外,还花很多时间和精力去培养年轻人才,领导许多讨论班,并完成许多专著。他的著作在某种程度起到了先进带动后进的作用。比如,他写《数论导引》引导了陈景润、王元从事数论研究,他写《典型群》"带出"一个万哲先,他写《多复变函数论典型域的调和分析》又"带出"陆启铿和龚升。这几个学生后来都成为国际知名的数学家。其中,列入数学辞典的"华-王方法",就是华罗庚与王元研究"数论方法在数值分析中的应用"课题的成果。

王元,原籍江苏镇江,出生于浙江兰溪,1952 年毕业于浙江大学数学系，大学四年级时他在读书讨论班上报告了英哈姆的《素数分布论》。大学毕业后，苏步青、陈建功将他推荐给华罗庚，华罗庚经过考核后将他分到数论组，带着他研究数论，后来他成了华罗庚的重要助手。1958年，华罗庚在王元的影响下，开始研究数论在近似分析中的应用。1973年，两人合作证明了用分圆域的独立单位系构造高维单位立方体的一致分布点贯的一般定理，这就是称誉世界的"华-王方法"。随后，他们陆续出版了《积分的近似计算》《数值积分及其应用》和《数论在近似分析中的应用》。

20世纪70年代后期，王元对数论在近似分析中的应用进行了系统总结，在国际上产生巨大影响。20世纪80年代，王元在丢番图分析方面，将施密特定理推广到任何代数数域，即在丢番图不等式组等方面做出先进的工作。1980年，王元当选为中国科学院学部委员（院士）。

华罗庚十分爱才、惜才，在选择学生时从不看重其相貌、出身，而是以学识取人。

留美归来后，华罗庚曾应广州中山大学之邀去作了一次学术报告。当时的听众中有一位半身瘫痪、必须靠双拐才能行走的残疾青年，他听得格外出神。后来他多次想要给华罗庚写信，但一提起笔就失去了勇气。他想，中国这么大，有很多人喜欢数学，华先生作为著名的大

第七章 勇担重任

数学家，仰慕、追随者不计其数，怎么会收他这个残疾人做学生呢？思前想后之余，他最终还是按捺不住心中的渴望，抱着试一试的心理写了信。不久他便收到北京的来信，不由激动万分："华先生同意我去应试了！"这个年轻人就是后来颇有造诣，成为中国科学院院士的数学家陆启铿。

华罗庚总是乐于帮助有才华的年轻人，吉新林就是其中一个。从莫斯科大学数学系毕业的吉新林，生于莫斯科，从小接受的是苏联式的系统化教育，后来就读于莫斯科大学数学系。华罗庚出访苏联时，特地去莫斯科大学找到她，请她学成后一定要回国。在华罗庚的鼓舞下，吉新林在语言不通、环境陌生的情况下回到祖国。华罗庚发动朋友给吉新林安排工作，让她在大连的一所小学一边教书一边学习中文。华罗庚还牵线帮她解决了婚姻问题。

在华罗庚提拔的数学人才中，最有名的要数陈景润。

陈景润生于1933年，是福建省福州人，他从小喜欢数学，如痴如醉，但不善与人交往。1953年，陈景润从厦门大学数学系毕业，被分配到北京四中教书，但他很不适应这份工作，被"辞退"。有人向厦门大学校长王亚南诉说了陈景润的苦恼，王亚南便把他调回厦门大学图书馆当了一名图书管理员。

但不管工作如何变动，陈景润对数学仍然兴趣十足。他天天随身带着华罗庚所写的《堆垒素数论》，走到哪便读到哪，把这本书翻来覆去地研读了七八遍，一些重要章节甚至读了40多遍。为了充分利用时间，他还把《堆垒素数论》拆开，在口袋里装几页，在开会、吃饭或外出时，随时随地拿出来看，并反复思考与验算，直到烂熟于心。

正所谓功夫不负苦心人，经过反复研读华罗庚的《堆垒素数论》，陈景润发现其中还有可以改进的地方，比如可以利用第五章阐述的方法对第四章中的某些结果进行改进，这就是当时数论的中心问题之一"他利问题"，这个问题和哥德巴赫问题一样，深受数论学者的关注。陈景润把自己的想法写了出来，这就是他的第一篇学术论文《他利问题》。

不过，要向世界级的数学大师挑战，对于一个初出茅庐的年轻人来说无疑需要很大的勇气。为慎重起见，陈景润把自己的论文交给老师李文清等人审阅。李文清认真审查了他的文章，并热情地鼓励他："为什么不可推进前人的成果呢？不必顾虑重重了。现在的数学名著，当然是有名的数学家的研究成果，但后来的年轻人如果不敢再进一步研究，写出论文来，数学又怎能向前发展呢？"

第七章 勇担重任

随后,他们将论文辗转交给华罗庚,并附上一封信。华罗庚向来最喜欢别人对自己的工作提出意见,指出错误。他收到陈景润的论文后,认真进行了审阅,接着又把陈景润的手稿转交数论组的人审阅。大家一致认为,陈景润的想法和结果是正确的。华罗庚对此十分高兴,认为陈景润是一个有想法,肯钻研,有培养前途的青年。他感慨地对数论组的年轻人说:"你们整天待在我的身边,倒让一个跟我素不相识的青年改进了我的工作。"

对于"他利问题",华罗庚除了在《堆垒素数论》书中进行探讨外,还曾于1952年在《数学学报》发表《等幂和问题解数的研究》一文专门进行讨论。这个问题归结为对指数函数积分的估计。他在文章中满怀期望地写道:"但至善的指数尚未获得,而成为待进一步研讨的问题。"现在,这个问题终于被陈景润攻克了。恰巧陆启铿要去南方出差,华罗庚交代他说:"你到了厦门,一定要去拜访陈景润,征求他的意见。如果愿意的话,我们请他作为特邀代表,到北京参加数学讨论会,资费全部由我们付。还请你拜访一下厦门大学的负责人,转达我的提议,如果他们同意的话,我想把陈景润调到北京来工作。"

陈景润收到华罗庚的邀请与一张事先预订的从厦门到北京的软席卧铺票后,激动得流下了眼泪。很快,陈景润来到北京，负责会务工作的王元马上带他去见华罗庚。陈景润见到华罗庚时十分紧张，一时不知说什么好，只是反复说："谢谢华老师！谢谢华老师！"华罗庚看出他生性孤僻但是个做研究的人，于是笑着鼓励了他几句，会见就此结束。华罗庚并不介意数学家有些怪癖，他曾经说过："我们不鼓励那种不埋头苦干专作嘶鸣的科学工作者，但我们应当注意到科学研究在深入而又深入的时候，而出现的'怪癖''偏激''健忘''似痴若愚'，不对具体的人进行具体的分析是不合乎辩证法的，鸣之而通其意，正是我们热心于科学事业者的职责，也正是伯乐之所以为伯乐。"

在这次数学讨论会上，陈景润作了有关"他利问题"的报告。后来，华罗庚将陈景润在大会上报告的结果进一步改进。《堆垒素数论》再版时，华罗庚将第四章与第五章的次序调换了一下，并将新的结果写了进去。

在对陈景润有了初步了解后，华罗庚决定调陈景润来数学研究所工作。1956年秋，陈景润迈进了数学研究所的大门。丰富的藏书、名师的指导、充足的研究时间，使他在这里如鱼得水。他整天待在图书馆里，饿了就啃几口馒头，渴了就喝点白开水，有时甚至连图书馆下班的铃声也没有听到，被工作人员反锁在里面。走路的时候他也在专心思考问题，有一次撞到一棵大树上，头上起了一个大包，

第七章 勇担重任

他居然还问是谁撞了自己。有时他拿着饭盒去食堂吃饭，突然想到一个思路后，在食堂转一圈又回到宿舍，忘记了吃饭的事情。见到熟人和同事，他经常不说话；别人跟他打招呼，他也不做回应。渐渐地，人们开始在背后谈论陈景润的古怪行为，华罗庚却笑着说："你们别小瞧这个陈景润，他将来很可能会成为一颗新星，超过你们中的许多人。"

不过，陈景润毕竟只是刚开始做研究，以后能做出什么成绩，实在难以预料。华罗庚对此并不担心，他说："当初调陈景润来数学研究所，就是看重他肯动脑筋。"他很关心陈景润，不仅在学业上给予引导，而且把他树为"安、钻、迷"的典型，让数学所的研究员们都来学习他的钻研精神。1963年，在华罗庚的争取下，陈景润从实习研究员升为助理研究员。

陈景润没有辜负华罗庚的栽培与期望，到20世纪60年代初，他先后在华林问题、圆内整点问题、球内整点问题与除数问题上取得进展，并开始挑战哥德巴赫猜想，并最终攻克了这一世界难题，成为"移动群山之人"。对此，陈景润没有忘记华罗庚的教导之恩，他经常说："我的老师华罗庚栽培了我，没有他的提携，我绝对不可能有今天！"

而华罗庚对陈景润的成功也感到欣慰，同时庆幸自己当初的选择。他不止一次对人说:"当年给陈景润开的'后门'确实开对了,中国多几个陈景润,就多几分希望。"他多次在自己的著作中介绍陈景润的研究成果,并给予高度评价。

可以说,陈景润的成长过程说明了华罗庚对于学生研究能力的敏锐眼光,而他对学生的指导也无愧于一位美国教授的评价:"华罗庚若留在美国,本可对数学做出更多贡献。但他回国对中国数学十分重要,很难想象,如果他不回国,中国数学会怎么样。"

3. 妙语联句

很多人认为华罗庚只是在数学上很有成就,实际上,他的历史文化底蕴也十分深厚,甚至对诗词也颇有造诣。

1953年,为了全面学习苏联,中国科学院组织科学家代表团去苏联进行访问,代表团团长由核物理学家钱三强担任,成员包括数学家华罗庚、天文学家张钰哲、大气物理学家赵九章、生物物理学家贝时璋、地质学家张文佑、建筑学家梁思成、动物学家朱洗、生理学家冯德培,还有历史学家刘大年、语言学家吕叔湘等。代表团需要着重了解:苏联科学院如何从沙俄时期发展壮大,以及现在如何领导全国进行科学研究的经验；苏联科学的现状及发展方向；中苏两国之间的科学交流等。这群在各个学科中独占鳌头的科学家享受着这次大聚会，在旅途中畅谈对当今科学世界风云事件的认识，各自畅想着心中未来的科学世界。

一天在火车上，素有诗文雅兴的华罗庚突然来了灵感，他提议大家对对子，并且笑着用钱三强的名字组成上联——"三强韩赵魏"，要求各位对出下联。大家积极响应，但冥思苦想一番也没有人对出来，连两位文史大家吕叔湘和刘大年也不得其解，最后还是由华罗庚自己给出下联，同样用的是代表团中另一位科学家的名字——"九章勾股弦"。众人听后恍然大悟，都赞叹对联构思精妙，诙谐有趣。

原来，在中国古代数学名著《九章算术》中，有关于勾股定理和正余弦等规律的介绍，而"九章"又恰恰是代表团中物理学家赵九章的名字。这一对不仅对仗工整，就连内容也是上下呼应，可谓绝句！

大家在赞叹华罗庚的文学造诣的同时，也为他身上幽默机智的人格魅力所感染。这段奇闻逸事成了中国科学界的一段佳话。

中国代表团到达苏联后，先后访问了莫斯科、列宁格勒、基辅、塔什干和新西伯利亚等地，对苏联的科研机构与教育部门进行了考察，3个月后回到中国。这以后，中苏之间的学术交流更加频繁，中国的年轻学者被成批地派到苏联进修，苏联科学家也频频来华访问。

这次访问中，华罗庚因工作需要被中途召回国内，他在中国科学院详细介绍了苏联数学的各方面成就。接着，中国科学院被批准建立苏联式的学部。1955年6月1日至10日，中国科学院召开学部成立大会，华罗庚、陈建功、苏步青、江泽涵、许宝騄、柯召、段学复、王湘浩、李国平9人为数学学部委员。

说起对对联，1981年华罗庚与张广厚、王元等数学家去合肥中国科学技术大学讲学时，中国科技大学为保证71岁的华罗庚每日身体健康无虞，特意安排一位姓倪的女医生照料。有一天傍晚散步时，华罗庚突然诗兴大发，看着倪医生对大家说："我出个对子，你们来对一下——妙人儿倪家少女。"这个对子很难，其中的"妙"与"倪"被拆成了"少女"与"人儿"，又与倪医生相对。大家想了半天仍然想不出下联，最后还是华罗庚自己说出了下联："搞弓长张府高才。"其中，"搞"与"张"拆成了"高才"与"弓长"，恰好又对应了在场的张广厚。大家无不赞叹对联之妙。

4. 与毛主席的渊源

华罗庚从美国回国后,享有的荣誉是空前的,"闻名于世界的我国著名数学家华罗庚"几乎成了他到任何地方都会出现的介绍。回到清华大学时,他看到学生们争先恐后地想与他见上一面;回到家乡金坛时,他看到父老乡亲聚集在一起热烈欢迎他的归来。不管他到哪里,人们对这位做出杰出贡献的数学家都极为尊重。华罗庚为这从未有过的崇高荣誉所感动,要为祖国贡献自己所有力量的决心也日益笃定。

1952年,全国第二次政治协商会议在北京召开,华罗庚应邀参加文艺晚会。暮色中的中南海沉浸在一片祥和愉快的氛围之中,华罗庚因为赶写一篇发言稿而迟到了。演出已经开始,匆忙到场的华罗庚在昏暗的观众席中一时找不到自己的座位,加上走路不便,他心里更是焦急。

就在这时,远处的座位上有个人朝他招手,由于场内昏暗,看不清那人的长相,华罗庚没有多想,赶紧走过去,找了个空位子坐下。舞台上的表演让紧张的华罗庚暂时放松下来,他还想这个座位的视野真是不错。慢慢冷静下来后,他才想到要感谢刚才向他招手的那个人。令他惊讶的是，那个坐在身边的人竟然是敬爱的毛主席！

　　这时，毛主席笑着向华罗庚看过来，压低声音亲切地询问他生活和工作上的事情。华罗庚没想到毛主席竟然对他的现状十分熟悉，一边看着表演，一边用一口浓重的湖南话和他聊天。华罗庚激动得几乎听不到毛主席在说什么，只知道这种荣耀是他从未想过的。

　　当谈到中国科学的发展需要培养大批科学人才的时候，毛主席语重心长地拍着华罗庚的肩膀说道："华罗庚同志，听说你是金坛人，数学搞得很好，听说你还是穷苦出身，希望你为我们培养出一些好的学生来。"华罗庚连忙点头答应，这是毛主席的嘱托，更是他的毕生追求。

　　1965年，华罗庚开始试验和推广统筹法，并取得了一些成效，他总结经验后写了《统筹方法平话》一文，于当年6月6日发表在《人民日报》上。随后，他写信把自己在生产建设中初步推广统筹法的工作向毛主席进行汇报，并附上《统筹方法平话》一文。7月21日，毛主席回信给华罗庚说："你现在奋发有为，不为个人而为人民服务，十分欢迎。听说你到西南视察，并讲学，大有收获，极为庆幸。"这对华罗庚坚定不移地研究、应用与推广统筹法是一个极大的鼓励。

　　1966年10月2日，《人民日报》报道称："毛主席检阅150万游行大军。""在天安门城楼上的还有全国人民代表大会常务委员华罗庚。"检阅时，毛主席跟华罗庚握了手,并且说:"华罗庚同志,你来了,好呀!"消息很快传遍了中国数学界:"毛主席称华罗庚为同志。"从此,华罗庚在数学界的声誉更盛,他对数学的钻研、推广也更加努力。

1972 年,华罗庚写信向毛主席汇报自己普及数学方法的心得与体会,并附上一本照片。毛主席很快作了批复:"此信及附件照片一本,退还给华罗庚同志保存,比放在我处为好。"

1975 年,华罗庚的工作面临困境,又患了心肌梗死。病情刚刚稳定下来,他便在病榻上给毛主席写信,表示将继续推广优选法、统筹法"双法",表达了他愿意走与工农兵相结合的道路,愿意为经济建设服务的决心。毛主席在 10 月 5 日作了批示:"大病新愈,宜多休养一时期,待全好后再去较为适宜。"其实,华罗庚之所以要给毛主席写信,是因为担心上级领导以他身体不好为由,阻止他推广"双法"。现在有了毛主席的回信,他就安心了。这是毛主席在逝世前不到一年做出的批示,这一批示对当时的华罗庚来说无疑是一种保护。

直到晚年,华罗庚回忆起和毛主席见面的情形仍然十分激动,毛主席那种平易近人的作风令他难以忘怀。

5. 倡导数学竞赛

在数学研究工作中,华罗庚清醒地意识到,要使中国的数学达到世界先进水平,仅有少数几个突出的具有国际声誉的数学家是远远不够的。靠办几个讨论班,写几本数学专著来培养人才,也无法使中国的数学朝着"质高,量多,方面宽"的方向健康蓬勃地发展。在这种情况下,他把发展数学的目光投向了青少年,决心把热爱数学的种子播撒在全国青少年的心田。

早在1946年访问苏联时,他便见识了苏联数学竞赛活动的厉害,认为这是推动中学生热爱数学、学习数学的一个很好的方式。20世纪50年代,华罗庚应邀到东欧访问讲学。其间,匈牙利一位数学家请他吃饭,两人相谈甚欢。交谈中,这位匈牙利数学家说:"我认为数学最伟大,是世界上一切学问中最高最高的,人类能准确预报日食月食,一分一秒不差,靠的是数学;爱因斯坦的相对论靠的是数学;飞机上天,原子弹爆炸都离不开数学。"华罗庚敬了他一杯酒,说:"我认为数学是最低最低的!小学生要学数学,任何科学技术都植根于数学,这难道不说明数学最低最低吗?"话毕,他与匈牙利数学家会心地哈哈大笑。

经过认真的思考,华罗庚提议举办全国性的中学生数学竞赛活动。这一倡议得到数学界的积极响应,陈建功、苏步青、江泽涵、段学复、傅种孙、吴大任等著名数学家都热情地参与了这项活动。经过紧张的筹备,1956 年,中国首届中学生数学竞赛活动在北京、天津、上海与武汉四大城市举行。

北京共有 62 所中学、622 名高三学生参加了竞赛。数学研究所、北京大学数学系、北京师范大学数学系的老师负责出题、监考、评卷。竞赛优胜的选手将被免试送入志愿的大学数学系继续深造。

竞赛前,华罗庚亲自向参赛学生及他们的老师作了报告《从杨辉三角谈起》。他既讲授知识,也传授思考方法,讲得深入浅出,受到师生们的欢迎。后来,在潘一民的协助下,演讲的内容被编成小册子在全国发行。这项活动极大地促进了全国中学生数学素质的提高。

1957 年,数学竞赛活动进一步扩大到南京等城市。此后受政治运动波及,数学竞赛活动一度暂停。1962 年,随着全国形势的好转,北京市又恢复了数学竞赛。华罗庚以极大的热情再度参与其中,出任竞赛委员会主任,并为参赛学生作了报告《从祖冲之的圆周率谈起》。这个报告也被编成小册子在全国出版发行。此外,华罗庚还为中学生写了《从孙子的"神奇妙算"谈起》《数学归纳法》《谈谈与蜂房结构有关的数学问题》等普及性小册子。在传授科学知识的同时，华罗庚还抓住机会对青少年进行爱国主义教育，启发他们的民族自尊心与自豪感。

1962年春，华罗庚接见了北京市的80多名中学数学竞赛优胜者，在与孩子们亲切、友好的交谈中，他分享了自己的学习经验：

"学习是件很艰苦的事。要学好，就得花力气，刻苦钻研，付出劳动的代价。当然，不是每个人都能做到刻苦学习，只有那些树立了远大理想的人，才不怕困难，才敢于探索别人未能解决的问题。

"至于如何学好数学，我想必须多做习题，基本功要经常练，有机会就练，不要轻易放过难题。碰到难题一时想不出来，不要泄气，继续想，经过一番深思苦想以后，想出来了，那时的心情愉快极了。即使当时想不出来也不要紧，这可以养成独立思考的好习惯，培养独立思考的能力。"

华罗庚还以"独立思考、锲而不舍"八个字，勉励孩子们刻苦学习，争取成长为祖国的栋梁之材。

1965年，中学生数学竞赛活动因"文化大革命"再度停止，直到"文化大革命"结束，数学竞赛才得以恢复。1978年，年近古稀的华罗庚再次出任竞赛委员会主任，亲自主持命题、监考和阅卷工作。他还主持出版了《全国中学数学竞赛题解》的小册子，并为该书写了长达7000字的前言。这次竞赛活动规模空前，共有北京、上海、天津、陕西、安徽、辽宁、四川和广东8个省市的学生参加。1979年,中学数学竞赛发展成为29个省、市、自治区中学生参加的大联赛。

为了更好地开展这一工作,发现更多数学"好苗子",1980年,全国数学普及工作会议在大连召开。会议总结了过去数学竞赛的经验,确定了以普及为主的方针,将数学竞赛活动定为中国数学会的经常性工作之一,由中国数学会普及工作委员会负责实施。许多年轻的数学家积极参与了这一工作。

6. 筹建计算技术研究所

1955年,在中国科学院学部成立大会上通过了《中国科学院第一个五年计划纲要草案》;同年9月15日,中国科学院第39次院常务会议通过了《关于制订中国科学院15年发展远景计划的指示》。周恩来总理在报告中要求国家计划委员会同有关部门在3个月内制订1956—1967年科学发展远景规划。

华罗庚情绪高涨地参加了这一工作,他和严济慈提出要正确处理理论科学与应用科学的关系,绝不能放松对理论科学的研究,受到了周恩来总理的赞扬。《规划》增加了56项重要基本理论的研究项目,包括数学、力学、天文、物理、化学、生物与地学的研究项目及相应措施。情报资料被列为第 57 项任务。同时，大家深切体会到某些新技术如无线电、自动化、半导体与计算机技术，是现代科学技术的基础与关键。

20 世纪 40 年代华罗庚在美国访问时，宾夕法尼亚大学便制造出世界上第一台电子计算机，向世人展示了一个全新的、充满希望的科技领域。华罗庚认为，中国要想赶上世界科学，必须抓紧研究计算机技术，而这显然需要人才。华罗庚在脑海中搜罗着合适的人选，最终想到清华大学电子系电信网络研究室主任闵乃大，他是留德归来的电信网络专家。华罗庚打算动员闵乃大从电子网络转向电子计算机研究。闵乃大对此有些犹豫，经过一番思想斗争，终于同意了。参与人员还有刚从英国归来的留学生夏培肃及清华大学电机系的毕业生王传英。

1952 年秋，华罗庚与闵乃大、夏培肃、王传英三人一起商议此事。很快，中国第一个计算机科研小组成立了，他们在一穷二白的情况下开始了研究工作。

1956 年，华罗庚见到夏培肃等人后，告诉他们一个好消息："电子计算机已经引起了党中央的重视，这次也要加以规划。以后咱们就可以大干一把了。"

为了采纳各国之长，华罗庚主持召开了一系列报告会，动员大家对国际上计算机技术的发展状况及中国的发展战略问题进行讨论，最后集中众人意见，提出"先集中，后分散"的工作方针，在资源有限的情况下，集中精力先打"歼灭战"。

经过几个星期的紧张工作，华罗庚等人终于拿出了中国第一份计算机技术的发展规划。经全国科学规划委员会审议与周总理批准，计算机技术、半导体、电子学、自动化、喷气技术均被列为国家重点项目，由中国科学院负责组织与实施规划。

1956年7月28日，中国科学院决定成立计算机研究所、自动化及远距离控制研究所、电子学研究所和半导体物理研究小组，负责人分别为华罗庚、钱伟长、李强、王守武。后来，这四个机构分别发展成为中国科学院的计算技术研究所、自动化研究所、电子学研究所与半导体研究所。

计算技术研究所成立后，华罗庚马上排兵布阵，他将数学研究所计算机研制小组的吴几康、夏培肃调到计算技术研究所担任带头人。与此同时，在他的劝说下，冯康毅然放弃自己原来的泛函分析专业，来到计算技术研究所，承担起中国计算数学的工作。数论组的许孔时、魏道政也自愿到计算机研究所工作。华罗庚还鼓励石钟慈去苏联学习计算数学。

冯康在物理及数学方面的坚实基础和渊博知识，对他指导计算数学领域的业务工作及个人研究工作起了重要作用。作为计算数学这门新兴学科的先行者和带头人，他特别重视理论和实践的结合。而这也正响应了华罗庚理论科学与应用科学不可偏废的一贯主张。在他的指导下，计算技术研究所第三研究室承担了大量国防、国民经济各部门的实际计算任务。冯康亲自讲授有关的物理、力学知识及计算数学理论，对所有课题都亲自过问，进行具体指导；在天气数值预报、大型水坝应力计算、核武器内爆分析与计算、核武器中子迁移方程计算、航天运输工具的高速空气动力学计算、大庆油田地下油水驱动问题、飞机翼气动力颤振性计算、汽轮机叶片流场计算、流体力学稳定性计算等方面取得了骄人的成绩，并为电子计算机及其应用的普及推广做出开创性的成绩。后来，冯康在有限元方法、哈密顿方程计算、辛几何的研究等方面也取得出不容忽视的成果。中国几代计算数学专家在冯康的领导下不断成长，而这与华罗庚的识人有方是分不开的。

第八章　成熟的华氏声音

　　华罗庚一生著作等身，涉猎广泛，共发表专著与学术论文近300篇，在解析数论、矩阵几何学、典型群、自守函数论、多复变数函数论、偏微分方程、高维数值积分等数学领域做出了卓越的贡献。

1. 第一本数学专著：《堆垒素数论》

在剑桥大学留学时，华罗庚萌生了解决华林 – 哥德巴赫问题的念头，于是对华林 – 哥德巴赫问题进行了深入研究，并取得了一系列重要成果。

后来他回到西南联大任教，和其他教授一样，由于缺乏资料，研究工作难以开展。不仅如此，由于生活窘迫，很多大学教授放弃科研和教学工作，想方设法地离开了昆明甚至离开中国。在如此艰难的环境中，华罗庚没有放弃努力，从1939年到1943年将近4年时间里，他写出20多篇极富创见的数学论文。他的经典著作《堆垒素数论》，也是在这段时间完成的。

《堆垒素数论》主要是关于素数变数的华林问题的研究，以及变数之素数的方程组的研究。这本书系统地总结、发展并改进了哈代与李特伍德圆法、维诺格拉多夫三角和

第八章 成熟的华氏声音

估计方法及华罗庚本人的方法,全面论述了三角和估计及其在华林-哥德巴赫问题上的应用。全书共分为12章,除西革尔关于算术数列素数定理未给出证明外,所有定理的证明均包含其中。这本丰碑式的巨著展示了华罗庚在圆法、三角和估计及其应用方面的重大贡献,还对世界级数学大师维诺格拉多夫的方法进行了改进和简化。

早在1935年法国数学家阿达马应邀来清华大学讲学时,他就建议华罗庚说:"苏联的维诺格拉多夫对华林问题的贡献非常出色,他的方法是研究这个问题的主要方向,你可以多加留意。"阿达马还热情地介绍华罗庚与维诺格拉多夫直接通信。在通信过程中,维诺格拉多夫经常把自己在数学方面的论文及关于研究华林问题方面的著作寄给华罗庚,这对华罗庚无疑是一种鼓励与鞭策,同时也是潜移默化的影响与启迪。

当时不仅在中国,就是在世界范围内,懂得维诺格拉多夫艰深方法的人也屈指可数,原因是维诺格拉多夫写的文章既繁难又颇省略,不易看懂。华罗庚在学习并掌握了彼得学派、维诺格拉多夫研究成果的基础上,把维诺格拉多夫的方法扩大应用到数论中各个不同的方面,并进一步做了创造性的发展。

华罗庚曾在一篇文章中说:"我开始向苏联学习是在1935年,那时我最羡慕苏联的与其说是她的社会主义制度,还不如说是她学习上的创作——特别是数学上创造性、精辟性的工作。更具体地说，就是苏联科学院院士、劳动英雄维诺格拉多夫的研究工作。"

华罗庚对维诺格拉多夫方法的处理与讲述是清楚易懂的。诚如美国伊利诺伊大学数学系主任哈贝斯坦指出："华罗庚对维诺格拉多夫方法的贡献与达文坡特的贡献一起，是仅次于哈代、李特伍德与维诺格拉多夫的贡献，是肯定能够经得起时间检验的。他的两个积分均值定理是一个巨大的进展。这种永恒的影响，甚至超出了希尔伯特定理的范围，他关于华林问题变体的研究及关于华林－哥德巴赫问题的研究，对于弄清圆法的作用与范围都是极具开创性的研究。""沃恩的近作，对于迄今为止圆法的巨大进展做了很好的总结，即使大致翻阅一下，亦能看出华罗庚对圆法发展做出的贡献以及他所处的杰出地位。""几代数论学家都从华罗庚的 1947 年完成而至今仍有影响的专著《堆垒素数论》中学到了圆法的知识。"

而说到《堆垒素数论》一书的面世，可谓命运多舛、历经波折。

1940 年，华罗庚将自己的心血结晶《堆垒素数论》寄给设在重庆的中央研究院，请求出版，结果却如泥牛入海一般，毫无音讯。更让他痛心失望的是，他多次写信询问，对方拖了半年才告诉他：这部长达 30 万字的著作手稿竟然遗失了。华罗庚得知此事，气得大病一场，在床上整整躺了半个月。

第八章 成熟的华氏声音

《堆垒素数论》的中文手稿丢失后，华罗庚并没有马上重写第二稿，而是先写完了另一部著名的学术专著《数论导引》的初稿。完成这项工作后，在对整个数论学科进行重新认识的基础上，他的论证更加严谨了。

幸运的是，华罗庚之前写完《堆垒素数论》中文稿时，还把它译成了英文。1941 年，他把论证更加严谨的《堆垒素数论》英文手稿寄给维诺格拉多夫。维诺格拉多夫收到书稿后，马上回电报，告诉华罗庚这本书稿将在战争结束后立即付印。维诺格拉多夫非常欣赏这本书，还组织人员把它翻译成俄文，其校样是华罗庚 1946 年访苏时亲自审定的。1947 年，这本书以苏联科学院斯捷克洛夫数学研究所第 22 号专著出版。这是华罗庚在数学科学领域里的成名作。从此，数论领域的一颗新星冉冉升起。

在俄文版序言里，华罗庚写道："本文中叙述了关于堆垒素数论的新结果，这一学科的基础是由维诺格拉多夫院士所奠定，而由著者发展的。在第五、六两章把开拓了新途径的维诺格拉多夫院士的工作加以简化与改变而重述出来。""本文中大部分是著者所获得，并在这里首次发表的结果的系统叙述。""无论著者如何感谢维诺格拉多夫院士都不会是过分的。""最后著者对苏联科学院对他的著作的好评愿表示深切的谢意。在这些困难的日子里，我们的科学研究的成果能获得最友好的人民的最高权威方面的赞助，这特别给予我们很大的鼓舞。这种文化的合作是永远宝贵的，而在现在的时刻，这更具有特殊的意义。谨祝此书的出版将会加强我们两国伟大人民间的真诚友谊与相互亲善。"

《堆垒素数论》出版后，在国际上引起很大反响，维诺格拉多夫在其专著《数论中的三角和法》的序言中称华罗庚的书为"优秀的专著"。

中国数学界对华罗庚的专著《堆垒素数论》也给予了很高的评价。当时教育部几乎无人能够评审这本书，老一辈数学家何鲁冒着灼人的炎热，在重庆的一幢小楼上挥汗审勘，阅稿中不时拍案叫绝，一再对人说："此天才也！"他爱不释手，居然亲笔将《堆垒素数论》抄了一遍。阅后，他为这本书作了长序介绍，并且主张授予华罗庚数学奖。这是当时政府颁发的第一个数学奖。

1953 年，《堆垒素数论》中文版终于在国内出版。当华罗庚从人民政府那里领回这本书的奖金交给吴筱元时，吴筱元既辛酸又欣慰地说："看来钱花光了不要紧，只要人在，老天爷也有开眼的时候！"

华罗庚曾经在西南联大讲授过《堆垒素数论》，起初慕名而来的学生把教室挤得水泄不通，但几天后听课的人越来越少，这是因为《堆垒素数论》对普通学生来说实在是太深奥了。一个星期后，听课的学生只剩下两个人，他们就是后来成为著名数学家的闵嗣鹤和钟开莱。后来，闵嗣鹤于 1954 年在北大开设了数论课程。1966 年，他又成为陈景润《哥德巴赫猜想》论文的审稿人之一。很显然，只有牢固掌握知识并受过相关的专业训练，才能胜任这些工作。

1957 年，华罗庚对《堆垒素数论》中文版进行修订。在数学研究所的一次报告会上，他说："我研究维诺格拉多夫方法，每次都看到他又改进了自己的方法，一直到最后，我们才在一起作了一个总结。"由此也可以看出华罗庚对数学精益求精、孜孜追求的精神。

后来，《堆垒素数论》修订本先后被译成德文、匈牙利文、英文、日文出版。半个多世纪以来，这本书已经成为几代数论学家经常征引的经典文献。

2. 研究数论的结晶：《数论导引》

华罗庚在西南联大所写的第一部专业著作——《堆垒素数论》，可以说是将他正式引入国际数学界的论著。它不仅为华罗庚赢得了苏联数学家的认可和支持，使他能够将视角扩展到整个世界，也使他在数论领域开始拥有自己的一席之地。

不久，华罗庚应邀到美国进行访问。当时他主要从事的是解析数论方面的研究，但是到美国之后，他发现这一领域的研究并不顺畅，他的研究受到了阻碍。后来，他

"改行"做起了代数研究。很多人对此觉得不可思议，因为在数学研究中，这两个领域差别很大，要想在两个领域中都有所成就，是件非常困难的事情。但是，华罗庚没有半途而废，在继续研究和改进维诺格拉多夫方法的同时，仍积极进行其他方面的研究。在美国，华罗庚最有成就的是体论的研究。体论作为数学研究中的重要一支，一直为数学界所关注，而对于其中很多仍无人能够解决或证明的问题，华罗庚做出了相当大的突破。

有一次，芝加哥大学邀请华罗庚去作关于半自构问题的演讲。这样的演讲往往费时甚长，原因是要详细阐述其数学过程。但是，华罗庚仅仅用了15分钟就详细讲述了所有定理的证明过程。这场别开生面的演讲，给人们留下了深刻的印象，华罗庚也开始在国际数学舞台上展示自己独特的风格。

回国后，华罗庚继续致力于数论研究。20世纪50年代，他组织了"数论导引"讨论组，重点讨论数论领域中的一些重点问题，这个讨论组由华罗庚主讲。

早在1940年左右，华罗庚在西南联大刚开始教授数论时，就打算写一本关于数论的书。经过不断的整理和创作，他几乎完成了这本书的大部分内容。后来因为现实环境的种种限制，几乎找不到出版的途径，他就将这件事暂时搁置。在美国访学期间，他又对这本书进行了一些改编和补充，但只是作为研究记录，并没有想到付诸出版。他回国后，国内关于数论方面的教学或参考用书少之又少，加上新中国刚刚成立，特别重视科学发展，出版已经不成问题，这本书的继续写作成了他这段时间的一项重要工作。

在"数论导引"讨论组开始前，华罗庚根据过去的手稿一口气写了6章，内容涉及整数之分解、同余式、二次剩余、多项式之性质、素数分布之概况、数论函数。在实际教学中，这6章讲得很快，而后面的14章，每一章都自成体系，有的章即为某一数论分支的导引，难度比前6章更大，所以讲的速度也变慢了。

经过"数论导引"讨论组不断的研究和讨论，华罗庚每天废寝忘食地写作，一点点地完善书中的内容，并根据研究进程的推进不断增删，希望能给读者最准确的研究信息。

特别要提出的是，华罗庚将这本书的写作转化为一种独特的教学方式。编写的时候，他指导学生们一起参与，协助他进行整理和创作。学生们在参与的过程中感觉受到了重视，更加积极主动地去学习书中涉及的内容，这样一来，他们所学到的东西，远远超过了书本可以带给他们的死的知识。华罗庚以这种方式，培养学生从学习数学到热爱数学，再到参与数学。这是一种别开生面的方式，在教与学中相互促进，最后他只用两年多时间就写完了这本书。

当时在"数论导引"组里，师生之间的关系十分融洽，大家都为建设社会主义忘我地工作，没有人想借此事升职，也不会计较哪些章节是谁写的。师生齐心协力，只想将数学研究成果准确、全面地公之于世，为他人造福。

1957年，在华罗庚的助手和学生赵民义、王元、吴方等人的协助下，长达66万字的《数论导引》正式出版了。这本书的出版，不仅让数学研究者对数论有了全面而清晰的了解，也是对世界各国以往数论研究所取得的成果的整理和完善。对华罗庚来说，这也是他多年来在数论研究上的成果的集合，是他心血的结晶。

尽管《数论导引》是用中文出版的，但仍然引起了国际数学界的关注。熟悉中文的美国著名数学家马勒对这本书给予了高度评价，他说："这是一本有价值的、重要的数论教科书，它是按哈代与赖特的著作《数论入门》的风格写的，但范围却大大地超出了前作。本书用很清楚的简单文言文写成，也可以作为一本很好的数学中文入门书。本书包含了许多最新的结果、有用的表，如二次域表及为学生而设的习题，它将引导中国学生在数论领域做出更多的贡献。"

后来，《数论导引》英文版由斯普林格出版社出版，这本书不仅没有过时，而且仍然畅销。

3. 数学所讨论组的丰硕成果

数学研究所成立后，华罗庚成立了两个讨论组：数论组和微分方程组。数论组组长由他自己兼任。他在工作中渐渐意识到，个人的影响是很有限的，如果能培养一批既有深厚理论基础又有独立研究能力的数学人才，中国数学的面貌何愁没有变化？

基于这一考虑，1953年冬，华罗庚又在数论组成立了"数论导引"和"哥德巴赫猜想"两个讨论组。这一安排大大提高了参加讨论组的成员的数学水平，而且还将他们的讨论成果汇总成书，使没有参加讨论组但热爱数学的人也能受益。

为了培养年轻一代，华罗庚还仿照"数论导引"讨论组的模式，组织了"典型群"和"多复变函数论"两个讨论组，培养了一批数学人才，并写出专著。

对于"典型群"讨论组，华罗庚的计划是组织一批大学四年级或刚刚毕业的学生，围绕典型群这个问题边学习边研究，在工作过程中逐步扩大知识领域，培养研究能力。在课题研讨的过程中，参与者既学到了知识，也学到了研究思路与方法。经过努力，1963年，华罗庚与他的学生万哲先合著的《典型群》一书出版。万哲先成了华罗庚在代数方面的继承者，对发展中国代数学及其应用做出重要贡献。在这本书的序言中，华罗庚和万哲先写道："1950年作者选择这个主题的原因之一是易于训练干部，预备知识需要得少，可以从简单处着眼，从具体处着手。它发展前途不小，通过这一系列研究也可以熟悉代数学、几何学中的不少分支，可以从宽广处着眼，从抽象处着眼。换言之，开始时不受基础的限制，终了时不致局促于太窄狭的领域之中。"

在华罗庚的领导下，很多青年学者在讨论组受到锻炼，逐渐成长为数学研究的后起之秀。

1958年，华罗庚出版专著《多复变数函数论中的典型域的调和分析》，书中的绝大部分研究成果属于华罗庚本人，只有少部分与西格尔的工作存在重复之处。这本书的结果对表示理论、齐性空间理论与自守形式理论都有应用。书中还收入了华罗庚与陆启铿合作的关于泊松与贝格曼核的工作成果。

华罗庚关于典型域的书虽然是一本研究专著，但他仍然怀有通过这本书培养数学人才的期望。除了把书稿交给陆启铿和龚升阅读、补充外，他还把书中一些恒等式与积分交给其他学生作为习题来做。陆启铿和龚升后来成为华罗庚在多复变数函数论与分析学方面的继承者，为中国分析学的发展注入能量。

华罗庚的典型域专著在出版当年便被译成俄文出版，接着，美国数学会又于1963年出版了其英文译本。华罗庚这项工作对斯坦关于全纯函数的边界性质的研究起到了奠基作用，斯坦曾在访问中国时当众宣布自己是"华罗庚教授的名誉弟子"。苏联数学家帕蒂斯基-夏皮罗关于多复变函数论的突出工作也曾受到华罗庚的影响。

看着数学研究所在短短几年内，从一无设备、二无人员发展成为一个初具规模的研究机构，华罗庚心中很激动，也感到很自豪。

在他领导青年从事典型群等课题的研究工作时，一位外国友人劝告他不要因为一些普及性的工作而耽误自己的研究，尤其是考虑到他的名望与影响，他已经不仅仅属于某一个国家，而是属于全人类。但华罗庚对此并不以为然，他说："培养人才，培养梯队，自然要花费精力，必要时还会付出一些牺牲。可我不这样做行吗？毛主席和政府如此信任我，寄希望于我，我不倾尽全力，就会良心不安哪！"

可以说，20世纪40年代的《堆垒素数论》和20世纪50年代的《多复变数函数论中的典型域的调和分析》是华罗庚一生中的光辉顶点。他本来可以在多复变函数上继续深耕，但是国内的政治运动开始后，他的数学生命也随之宣告结束。后来他虽然在应用数学方面也做出了卓越的成绩，如高维数值积分，但这些工作已不能引领国际数学界潮流了。

第九章　人民的数学家

　　20世纪60至80年代初，华罗庚倡导数学要为国民经济服务，致力于运用数学理论与方法解决生产和管理中的现实问题，反复强调"在管理上搞统筹，在工艺上搞优选"，创造出了人人都能听得懂、用得上的优选法和统筹法，帮助人民在全国各地创造了一个又一个经济奇迹。

1. 艰难的抉择

1957年年初，中国知识界仍处在百花齐放、蓬勃向上的状态中，2月17日，毛主席在一篇报告中还专门提及自学成才的华罗庚，令华罗庚深感荣幸。

6月8日，反击右派分子活动开始。随后，中国科学院也被卷入其中，华罗庚虽然没有被划为右派，但在很多人看来，他是一个"漏网的右派分子"。这顶帽子压得他喘不过气来，更使他失去了对数学研究所的实际领导权。

反右派斗争刚告一段落，中国科学院又响应《人民日报》的号召掀起了"大跃进"的高潮，夸大研究指标和研究成果。华罗庚对此深感忧虑，但又不敢轻易发表不同看法，只能违心地说些言不由衷的话，但他的指标显然还不够浮夸，于是被划为"保守派"。

最令华罗庚痛心的是，1957年以后，中国的数学研究毫无进展，完全停顿下来。

为了在数学研究所里保留一点数学气氛，华罗庚经过一番努力，在所里开辟出一块"练拳园地"——一块布告牌。他号召大家把研究过程中遇到的难题贴在"练拳园地"里，让其他青年当作习题来做。华罗庚首先把自己研究多复变函数论中碰到的代数恒等式与矩阵元定积分张贴出来，不少青年积极响应，认真尝试解答这些问题。

1958年，中国科学技术大学（以下简称"中科大"）成立了，华罗庚被任命为应用数学系主任，工作重心渐渐从数学研究所转向中科大。他亲自教授了第一届新生。在教学过程中，他把大学数学的基础知识融合成一个整体，而不是按传统的分科方法来讲。不过，这样做的效果似乎并不明显。

同年，华罗庚与王元受苏联一篇分析数论在多重积分中的应用的文章启发，利用计算机模拟手段，在高维数值积分的研究上取得了进展。"华-王方法"在国际上受到重视，他们于1976年出版《数论在近似分析中的应用》。他们的这项工作获得了陈嘉庚物质科学奖，成为研究应用数学较成功的案例之一。

1960年，华罗庚从几何学角度出发，研究了混合型偏微分方程。"文化大革命"结束后，他撰写了《从单位圆谈起》一书，并于 1981 年出版英文版本。

1961 年左右，数学研究所成立了所务委员会，华罗庚开展的工作必须经过数学研究所党小组与所务委员会的同意，这使他成了名义上的所长。

对于志在推动中国数学科学研究发展的华罗庚来说，这显然是他无法接受的。几经思考，他决定离开数学研究所，到中科大工作。实际上，从 1958 年起，他就在中科大与数学研究所两边任职，已被任命为中科大副校长。然而，数学研究所就像是他的孩子，他看着它诞生、成长、受挫，如今选择离去，对他来说是一个痛苦的抉择，但他已经无路可走了。

1964 年，华罗庚向数学研究所提交了辞职报告，但中国科学院不同意他完全辞去数学研究所所长之职，仅同意将他的人事关系转到中科大，仍挂名数学研究所所长。

华罗庚请求将他在数学研究所的研究生以及数论、代数、多复变函数论讨论组的几个学生一起调到中科大，中国科学院批准了此事，可数学研究所不愿放人，但又不便硬性规定。于是，数学研究所办公室主任郑之辅召集越民义、万哲先、陆启铿、王元、吴方等人开会，征求他们本人的意见。最后，只有王元明确表示愿意去中科大工作。面对当时的形势，华罗庚也理解学生们的做法。

华罗庚来到中科大后,组织了一个综合性讨论班,每周举行一次,每次由一个人主讲,题目自定,可以讲自己的研究成果,也可以介绍别人的工作。参加人员包括龚升、王元、陈希孺、殷涌泉及数学系的一些师生。

华罗庚在20世纪60年代一共招了11个研究生,分别主攻三个重要研究方向——多复变函数论、代数学和数论。他的指导方针是研究生以自学为主,指定需要阅读的书籍和文章,参加一些讨论班,平均每两周向他汇报一次研究进展。这时的华罗庚对政治逐渐疏离,不再关注学校的行政事务,但在教学和研究上仍然投注了很大的心力。

2. "白发徒工"推广双法

作为一位充满爱国热情的数学家,华罗庚一心想为国家做些实事,并且为自己能为国家出力而自豪!1946年,他在访问苏联时发现苏联的数学研究所与大学的数学系都很重视应用数学,由此认识到理论与应用配合的现实意义。

20世纪60年代中期,党中央发出了理论联系实际、科学联系生产的号召,华罗庚积极响应,明确表示要尝试实践的味道,他说:"我要从书本中走出来,走到实际中去,用我们多年来练就的理论之矢,去射一下实践之的。"

这以后,他经常利用空余时间到工厂和农村去,进行多种形式的调查访问。在这个过程中,他深切体会到,广大工人和农民太需要科学知识了。帮助他们摆脱贫穷,是每一个科学家责无旁贷的义务与使命。他颇有感触地说:"中央的号召确实很及时,知识分子真该走出象牙之塔来。"为了将理论与生产实践结合起来,他多次跑到北京顺义的一个村子里,实地研究将打麦场选在什么地方最有利于粮食调度和运输装卸。

1964年,华罗庚收到了一位日本朋友的赠书,书中介绍了系统理论和组织管理方法,其中提到CPM(关键路径法)与PERT(计划评估和审查技术)方法曾大大缩短美国海军"北极星"导弹的研制时间,这些方法虽然简单,却很有用处。

华罗庚以特有的洞察力和敏锐的眼光,抓住书中最有用的信息,经过巧妙加工,写了一篇通俗文章《统筹方法平话》。他在文章中以普通的泡茶来讲统筹法,显示了他深入浅出地普及数学方法的功力。

1964年,华罗庚在全国人大常委会上介绍了统筹法,与会人员觉得统筹法不仅容易听懂,而且非常有用,都希望华罗庚能到他们的单位去推广应用统筹法。

经过一番精心的准备,1965年2月,华罗庚率领中科大与中国人民大学的师生来到北京774厂,即北京电子管厂,开始进行统筹法的试点工作。中科大1960级运筹专业的十几位学生参加了这次试点工作，以代替他们即将完成的毕业论文，这也是中科大进行的一次教学改革尝试。

然而，理论联系实际并没有那么容易。华罗庚一行带着满腔热情来到工厂后，才发现事情并不简单，他们在774厂一连待了8个月，却收效甚微。华罗庚认为，这次应用统筹法失败的原因有二：一是统筹法适用于单项工程，尤其是从头搞起的工程，而他们在774厂选的课题都不是单项工程。经过半年的试点，仅有一个小项目试验成功，而这个项目正是新开工的。二是缺乏实践经验，他们不了解工厂的运行体制、操作过程，群众路线走得不够。这使华罗庚在以后的工作中特别注意把方法直接交到人民群众手中，形成了国外所称的"群众运动的普及数学方法"。

对于这次试点工作，华罗庚后来回忆说："头一次上路的时候，对于去搞试点，我还是大胆的、满怀信心的。一路上，老是想着毛主席的教导——战略上藐视敌人，战术上重视敌人。但到了现场，好大的规模，好复杂的系统，这也不懂，那也不了解，一下子又吓慌了，出现了叶公好龙的现象，人也胆怯起来了。"

1965年6月6日，《人民日报》全文发表了《统筹方法平话》。同年7月，中国工业出版社出版了华罗庚所写的《统筹方法平话及补充》一书。

几乎就在发现统筹法的同一时间，华罗庚又看到了美国威尔德的著作《优选法》。这是一种投资少、见效快、

收益大、质量高的最优方案,在数学上分为三个部分:

第一,没有明确数学表达式的优选问题,大多数生产技术中的问题属于这一类,可以利用对分法、抛物体法、切块法等数学方法来解决。

第二,有明确数学表达式的优选问题,最简单的数学表达式为线性规划。在经济管理领域,国外又称线性优选法,此外还有非线性优选法、离散性优选法等。

第三,在管理和技术领域,许多问题往往与时间有关,即所谓的动态优选问题,也有一系列相应的数学方法。

在国际优选法专业会议上,专家们普遍认为,优选法的出现及其与计算机的结合,给设计、生产、制造、控制全过程带来了一场革命。

华罗庚看了这本书后,兴奋地向学生们进行了介绍。他似乎已预见到统筹法与优选法(简称"双法")在中国工业部门中普遍应用的价值。从此,他的心思从理论研究转移到了"双法"的普及应用工作上。不过,他的学生包括王元都不想放弃已经进行多年的数学研究,跟着他去搞数学普及工作。华罗庚也不勉强,并且表示理解。中科大的一些年轻人如陈德泉、计雷、李之杰等,则始终追随华罗庚,跟着他走南闯北。对于他们的支持,华罗庚十分感激。

推广优选法首先是从乌蒙山开始的,工作人员向华罗庚提出一个问题:能否将雷管的不合格率降低一些。华罗庚在现场见到"他们在一个掌子面进行爆破,安了22个雷管,其中一个雷管的引线潮了,班长把引线剪短,让大家走开,他点着火,爆炸成功了,可是班长和一名战士却牺牲了"。这次事故对华罗庚产生了很大的震撼。他想,两个年轻人的牺牲是不可避免的吗?工厂生产雷管时,为什么不事先把次品检验出来,非要到现场使用时,必须付出血的代价才能检测出是否合格?难道这种牺牲不能让人警醒吗?他意识到,雷管的质量不只涉及战士们宝贵的生命,还是一个经济问题。如果运用优选法事先选好参数,便可以不出或少出废品。他说:"现在的科学家不能像从前那样闭门研究,而必须开门服务,送货上门。做小规模实验要大胆,做大规模的实验就要一炮打响,这就是从人民利益出发。"于是,他不顾自己身体虚弱,东奔西跑,在生产中搞优选、在管理中搞统筹,掀起了数学应用的群众运动。他亲自到各地区考察、作报告,将复杂难懂的数学方法解释给工人、农民听,以便他们能够将这种方法与生产结合起来,提高生产效率。

华罗庚还积极地参与基层建设。他深入到大西南,参与到西南铁路的建设工程中,与当地工人一起在艰难的环境下克服种种困难,为国家的建设付出辛勤的汗水。

"文化大革命"期间,华罗庚在极度困难的情况下,依然没有放弃对生活的希望,更没有放弃对科学的研究和推广。对于在群众中推广"双法",华罗庚提出三个基本要求：

一是要听得懂。这是基本前提，要用群众的语言来讲，而不是专家本人所习惯的专业词汇和表达方式，并理所当然地认为别人一定能听懂。

二是要学得会。如何学会是关键，太复杂了会让人无从下手，折纸条就是学得会的最佳例子。

三是要用得上。推优的最终目的是为了应用，解决实际问题。这也是"双法"的真正作用与价值所在。否则，讲得再好也于事无补。

在各地推广"双法"时，华罗庚所作的每一场报告都选择在5000人以上的大会场，有时还设若干分会场，听众达数千人。这些人并不局限于专业人员、领导干部，还包括普通群众，真正做到了"到群众中去"。

对于华罗庚的做法，数学界同行中有人认为"难登大雅之堂"，因为数学是科学皇冠上的一颗明珠，怎么能变得如此肤浅！华罗庚听到后没有生气，他说，作为一名专业人员，应该在自己的专业范围内钻得越深越好，但是对于要普及推广的应用数学来说，这还不是最好，更好的是要能钻得进，更要能跳得出。把高深的理论加工到浅显易懂，这功夫并不是人人都能做到的，要付出的努力绝不比光钻得深来得轻松，这既要有深厚的学术功底，更要能从高楼深院走向基层，想群众之所想，为群众提供他们所需的"听得懂，学得会，用得上"的科学方法。

第九章 人民的数学家

1969年，华罗庚推出《优选学》一书，并将手稿作为国庆20周年献礼送给了国务院。

可惜的是，推广"双法"的工作刚刚见到成效，便因为政治运动停顿了几年。1970年3月，周恩来总理在一个批示中，指出要支持华罗庚继续试验他的统筹法。4月20日，华罗庚到国务院向一些部委领导介绍统筹法和优选法，引起了部委领导的兴趣。

同年夏天，在周恩来总理的支持下，华罗庚带领助手来到上海炼油厂，和工人们一起，运用统筹法使酚精炼扩建工程的工期从30天减为5天，运用优选法使军工用的605降凝剂凝固温度从零下38℃降到零下41℃。随后，华罗庚又派陈德泉、计雷分别到电子行业、化工行业推广"双法"，均取得了可喜的成果。

1971年7月28日，国务院召集17个部委开会，首先由华罗庚介绍"双法"，然后由北京市化工部门与电子部门向大会介绍其普及"双法"的经验及取得的成果。会后，不少地方与部门纷纷邀请华罗庚前去普及"双法"。这一年，国防工业出版社出版了华罗庚编写的《优选法平话及其补充》。

从1972年起，华罗庚组织了推广"双法"小分队，到各地进行大面积推广。到1981年年底，他带领小分队走过了26个省、市、自治区。小分队的成员一般由当地的技术人员、学校老师、社会上的生产能手、高校学生以及一些干部子弟组成。这是一个松散的组织，在一个省开始推广时建立，工作结束后便解散。

对于小分队下厂后的身份，华罗庚有明确的定位，那就是做"小徒工"。工人生产时需要用到尺子、量具、刀具、扳手等工具，优选法也是一种工具。当工人需要时，"小徒工"就要把工具送上，由师傅去试验和使用。华罗庚还称自己是一名"白头小徒工"，有时小分队成员取得了喜人的成果，他便写诗祝贺，常有"白发徒工致敬礼""喜坏白头小徒工"一类的诗句。

经过多年摸索，"双法"在国民经济部门中普及使用，使生产工艺与管理水平得到改善，产量与质量也都得到大幅提高。美好的前景鼓舞着华罗庚。各地领导与群众对他的爱戴与欢迎，也让他深受感动，促使他在普及"双法"的道路走了将近20年。

3. 参与西南铁路建设

华罗庚在北京774厂试点的时候，偶然遇到了铁道兵副司令员郭维诚。在交谈中，华罗庚的统筹法引起了郭维诚的浓厚兴趣，华罗庚在地板上用粉笔画图，简单介绍了统筹法及其可能取得的效益。郭维诚听后，当即表示要邀请华罗庚到成昆铁路施工现场去普及统筹法。

第九章 人民的数学家

1964年冬,华罗庚应郭维诚和西南铁路建设指挥部总指挥韩光的邀请,决定到大西南去参加成昆铁路的建设,进行统筹法的试点工作。

考虑到大西南艰苦的环境,关心华罗庚身体的人都以他年龄大、腿脚不好、学数学出身及对一些专业知识不太了解为由,劝他不要去。但华罗庚却风趣地反驳,他明年一定比今年大一岁,随着时间的推移会越来越老,因岁数大不让他去实际上是叫他早点去;腿脚不好是老问题,是几十年的老毛病了,随着年龄的增长,只会更加行动不便,所以说腿脚不好其实是催他早点去,要他越早去越好;而且他研究数学出身,不懂"三线"工程建设,这正是学习的好机会,可以虚心踏实地向人家学习,"弄斧必到班门",只有不断学习积累,才能做出真正有价值的成果。总的来说,不让他去的三个理由,其实是催他快点去,越早去越好!

1964年秋,华罗庚带着学术秘书和中科大1959级毕业生王柱,与国家科委的庞伟华、中科大数学系副主任艾提一起来到成都"三线指挥部",接着又转到成昆铁路所属线段。铁路工人们对华罗庚一行的到来抱着很大的期望。

华罗庚决定把隧道工程与桥梁工程作为推行"双法"的试点工程,因为这些工程都属于新开工的单项工程,容易取得成效。当务之急是向工人们介绍"双法"的基本知识,让他们了解基本的工作程序。

1965年5月4日，华罗庚在贵州安顺西南铁路建设工地指挥部开办了第一个统筹方法训练班。参与培训的人员主要是所属铁路建设施工单位负责计划、调度、施工的工程技术人员和管理人员，共150人，培训时间为4天。

在培训中，华罗庚作了三次生动活泼、精辟透彻的关于统筹法的报告。学员们听完后，结合实际工作动手画统筹图，华罗庚还与他们一起讨论怎样分工序、粗细到何种程度、怎样估计时间、工序怎样衔接、怎样调整可以缩短工期等。经过一系列理论联系实际的讨论，学员们都豁然开朗。从这里开始，统筹法的推广应用在全国许多地方陆续开展起来。

成昆铁路建于崇山峻岭之间，这里地势陡峭，道路崎岖，人烟稀少。华罗庚每天拖着病腿，翻山越岭，在工地上向战士和工人讲授统筹法。他从来不摆专家架子，态度和蔼、谦虚。有一次，他很坦诚地对大家说："用统筹法能不能提高效率，我现在还没有把握。在北京电子管厂我们搞了8个月的试点，最后失败了。这次，我是抱着向工人同志们学习的想法来的。过去，我教书的时候总是夹着一本书，如果不夹书，我的肚子里也有一大本书。现在，搞应用数学，我还是刚刚开始学走路，如果大家一定让我讲的话，我的讲稿只有几页。"

工人们听了很是感动，也很直率地说："在北京失败了，兴许在这里却要成大功，我们一起干吧！"他们三三

第九章 人民的数学家

两两地组织起来,一边学习,一边试验。华罗庚也把自己的学生与助手组织起来,分为运输统筹组和施工统筹组,奔波在各个施工地点,和工人们一起摸索奋斗。

一天,华罗庚带着几个人从成都前往甘洛,途中要经过凉山。由于道路狭窄,汽车上下颠簸,大家都感到很疲劳,昏昏欲睡,突然一个急刹车,大家顿时清醒过来,探头往外看去。这一看,大家睡意全无,因为他们发现差一点就连人带车坠入万丈深渊,司机的脸吓得煞白。

他们不仅出行面临着困难和危险,生活条件也很艰苦。因为山上缺水,没有办法洗衣服,他们身上都长了虱子,只能在睡觉的时候把衣服脱下来使劲抖抖。为了宣讲"双法",华罗庚每天都要不停地讲话,他的嗓子都讲哑了,喉咙发炎,但他对此毫无怨言。

艰苦的环境使华罗庚更加感受到了科学的重要性。后来回忆起这段生活,他说:"在实际工作中,我看到了错误的数字可能导致阶级弟兄的伤亡,给国家带来巨大的损失,往往一位阶级兄弟、革命战士不惜牺牲性命以求的东西,就可能是我们计算时所忽略的小数点后第二位。""我的这些体会是在书斋里、教室里如何设想也设想不到的东西,但在一滴水投进大海的时候,它就会发现要求变了,不再局限于如何不使自己干涸的问题,而是服从沧海的要求了!"

经过日夜不停的苦战,华罗庚终于拿出从成都到甘洛的运输方案,并获得了指挥部的同意。指挥部还授权华罗庚监督执行,一旦发现不合格,可以要求返工。这使华罗庚的"双法"有了施展身手的机会。事实证明,华罗庚提出的方案不仅加快了施工进度,而且提高了工程的质量。在获得铁道部的嘉奖后,华罗庚一行带着成功的喜悦回到北京。

回京后,华罗庚向有关中央领导汇报了在西南"三线"铁路建设工程中的试点情况,得到了他们的肯定与支持。不久,国家科委决定在中科大成立一个统筹法教研室,编制为20人。这既然是对华罗庚前期工作的一种肯定,也是落实华罗庚理论数学与实践结合并为社会与群众服务的理念的大好平台。

4. 让数学为生产服务

在推广"双法"的过程中,尽管困难重重,无编制、无主管、无经费、无办公地和无人员来源,但华罗庚从未动摇自己的决心。他努力克服种种困难,经常自己掏钱贴补小分队的日常开支;没有固定的办公场所,他就把自己的住所提供出来。小分队成员深为他全心全意为人民服务的精神所感染,一个个干劲十足。

统筹法教研室成立后,华罗庚在北京友谊宾馆举办了一个统筹法学习班,由陈德泉、计雷担任联络员。华罗庚心中已经酝酿出大规模普及统筹法的办法:他先作通俗演讲,由泡茶讲起,再布置作业,让学员与联络员一起画出自己工厂的统筹图,然后进行交流,各个厂拿出一个个统筹图,互相观摩学习,以此扩大影响。华罗庚则在宏观上加以指导,并将统筹法向更大、更实用的层面进行普及。经过培训,有100多人掌握了统筹法与优选法的基本要领。

随着人员的增加,华罗庚决定兵分几路,到全国各地向各个行业推广"双法"。他派了几个人到西南铁路建设基地蹲点,继续推进前期的工作,其他人则前往长春、南京、石家庄、天津等地。其中,长春以仪器行业为主,南京以长江大桥的施工计划为主,石家庄以化肥厂为主,天津以建筑行业为主。每到达一个地方后,他们首先开办培训班,向厂长、技术员、工人、农民宣讲"双法"。

此外,华罗庚没有忘记几亿中国农民,他知道"农民太需要科学了,应该用统筹法统一安排农活,使农业生产管理科学化"。他在盛夏时节带领小分队来到江南农村,在闷热难耐、蚊虫肆虐的环境下,围绕农村严重存在的窝工现象,进行反复研究与论证,终于找到较为科学的改善办法。

面对应用数学的广阔前景,华罗庚意气风发,决心在这个新的领域一展身手。他分批分组地把小分队派往全国各地,深入一些主要部门推广"双法",解决各种疑难问题。应用领域从化工和电子发展到能源、冶金、纺织、机械、轻工、粮食加工、林业、交通和工程建设等，取得了巨大的成功，并形成系统的经验。全国各地印刷了《统筹方法平话》和《优选法平话》几百万册，听过华罗庚及其小分队讲述"双法"的人超过1000万。

这个时候，因推行"双法"而创造的一个个经济奇迹，也从四面八方传到北京：山东交通运输部门采用优选法，一个月节油69.3万升；解放军某部推广优选法半年，节油2000多万升；全国17个省的粮油部门，用优选法节约了5000万斤粮食和500万斤油脂；沙市棉织印染厂，采用"双法"提高了产品质量，使一等品从16%上升到43%。这样的喜报不胜枚举，让华罗庚及其小分队信心大增。

20世纪70年代，脑溢血病人很多，罪魁祸首就是高血压。华罗庚协助大夫，利用优选法，根据系统工程论和整体医学的观点，进行药物筛选和实验，经过3年时间，成功研制出北京降压0号，以后又研制出降压1号等复方降压片。病人每天服用一片，就可以有效治疗轻中度高血压。只要坚持吃药，就可以稳定血压，而且药价低廉，一片药只要几分钱。可见优选法对高血压防治发挥了很大作用。

1972年冬，华罗庚被聘任为大庆油田科学技术总顾问。接过用红绸子包着的聘书时，他的心情格外激动，兴奋地说："这是我时刻向英雄的大庆人学习的学生证。"当

第九章 人民的数学家

天晚上他辗转反侧,无法入睡,于是起身写下一首诗,抒发自己的情怀:

> 同是一粒豆,两种前途在。阴湿覆盖中,养成豆芽菜。娇嫩盘中珍,聊供朵颐快。如或落大地,雨润日光晒。开花结豆荚,留传代复代。春播一斛种,秋收千百袋。

来到大庆油田后,华罗庚到处宣讲、答疑、解惑,帮助工人们解决工作中遇到的疑难问题。

1975年9月,65岁的华罗庚应邀前往黑龙江普及"双法"。这时,中国科学院以外继续参加小分队的人已经寥寥无几,以往去陕西的有100多人,这次去黑龙江的人数还不到原来的三分之一。华罗庚心情也有些微低落,但仍用"聚则成形,散则成气"来鼓励大家。他们从哈尔滨改乘小火车来到大兴安岭的伐木场,研究木材的采、运、用、育等问题。其中有个林场采用"双法"安排冬运木材后,大大提高了劳动效率,提前一个月完成了运输任务。

工作进展十分顺利,但回到哈尔滨后,华罗庚便因心肌梗死到鬼门关"走"了一趟。那天晚上,大家都去看电影了,华罗庚自己留在招待所里。突然,他感到身体很不舒服,躺在床上无力叫喊,于是就用脚拼命蹬踹,用手使劲敲打铁床边沿。门外路过的服务员闻声赶来,看见华罗庚面色煞白、汗流如注,顿时吓哭了,连忙去联系医生。

不一会儿,医生和小分队的部分成员赶来。经过检查,医生认定华罗庚是心肌梗死急性发作,需躺在床上静养,即使大小便也不能离床。至于是否要转入医院治疗,还需要商讨一个万全的方案。很快,北京的心脏病专家被请到哈尔滨。华罗庚的长子华俊东、儿媳柯小英、长孙华云接到病危通知后,也连夜赶过来,他们把华罗庚送进了医院。在医护人员的精心照顾下,华罗庚渐渐转危为安,但从此也留下了心肌梗死的病根,健康状况也大不如前。

这次生病,华罗庚人在医院,脑子里盘旋的仍然是他那放不下的工作与为人民服务的崇高理想。出院之际,他写下一首慷慨激昂的《破阵子·壮词答医师》:

呼伦贝尔骏马,珠穆朗玛雄鹰,驰骋原野志千里,搏击长空气凌云,一意为人民。

壮士临阵决死,哪管些许伤痕,向千年老魔攻战,为百代新风斗争,慷慨掷此身。

出院后,华罗庚在宾馆接见了小分队的全体成员,他面带微笑地说:"我住院期间大家都为我着急,我谢谢大家,你们看我不是好了吗?请大家放心。我出院时,省市领导还劝我回北京进一步观察治疗,这是在关心我,但我拒绝了。我们的工作没有结束,不可能收兵回京,过去没有这样的例子,我要和小分队共同战斗到最后。

第九章 人民的数学家

"有的人说我年龄大了，身体又不好，在北京享清福多好，何必跑到一线受苦，当然这也不是坏话，也是对我的关心。我认为清福就是过着风吹不着、雨淋不到的安逸享乐的生活，我不习惯这种生活，这样会把我憋出病来的；我认为福就是在民众之中，为民办实事才是福，不深入基层就看不到真实的情况，就不可能抓住主要问题去解决，所以说真正的知识和力量是来自民众之中的。"

1976年夏，唐山发生大地震，开滦煤矿停止外运，一时间"北京缺煤！""华北缺煤！""工厂停工！""居民断电！"的坏消息接连不断传来。华罗庚不顾自己大病初愈、心脏病随时可能复发的危险，于次年2月冒着漫天飞舞的鹅毛大雪，亲自到大同煤矿现场用统筹法进行运煤试验，历时5个月，突击运出了存煤100万吨。

1977年初春，太原市场上出现了小瓦数灯泡、暖水瓶胆等供应紧缺的情况，时近春节，居民的生活受到很大影响。华罗庚得知这一情况后，马上带人来到生产一线，发现生产环境十分恶劣，秩序混乱。回来后，他指示小分队从优化生产环境入手，优化生产秩序，帮助工厂提高生产效率与产品质量。在华罗庚的指导下，生产环境与生产秩序问题很快得到解决，同时开展的工艺优选也使产品一次合格率从80%升到90%以上，赶在春节前满足了市场的需求。

1978年，华罗庚率领一个小分队到四川推广"双法"，五粮液酒厂为欢迎华罗庚，特意成立了"双法"办公室。

厂里的酿造技术大师刘沛龙参加了小分队在宜宾的活动，并多次听华罗庚讲学。刘沛龙学以致用，用优选法指导实验，在一个星期的时间里选出了38度和35度这两个五粮液的最佳度数，后来又将38度改成39度，口感更加绵醇甘爽，在国际市场上引起震动，订货量猛增3倍。国外对酒的税收额是度数越高，税率就越高；度数越低，税率也越低。因此，单这一项出口就为国家节约了大额的酒税，创造了丰厚的经济效益。

经过多年试点，国家计委将"双法"作为全国重点项目进行推广，解决了生产实践中的许多问题，培养了一大批技术人员、工农骨干，同时也使许多应用数学工作者得到锻炼，找到了发展我国应用数学的道路。按照华罗庚的说法，这是"为了科学还家"，即把科学送回到生产第一线的人们手中，让科学回到它的"家"中，回到群众的实践中。这以后，华罗庚将工作重心由普及数学方法向国民经济的咨询工作转移，不断思考数学如何为国民经济服务的问题。在研究、应用与推广"双法"的基础上，他总结了自己多年来普及数学方法的实践与经验，进一步筛选出10个行之有效的方法，可以概括为36个字：

大统筹，广优选，联运输，精统计，
抓质量，理数据，建系统，策发展，
利工具，巧计算，重实践，明真理。

前面 30 个字包括了 10 个应用方向，后面 6 个字是评价标准，这为我国应用数学和管理科学拓展了下一步的研究方向和推广领域。华罗庚认为他和小分队以前进行的工作，可以说是围绕这 36 个字所做的最基本的尝试。

1982 年 3 月，煤炭工业部部长高扬文视察两淮煤矿后，认为两淮煤矿资源丰富，对华东地区的经济发展有重大意义，于是写信给华罗庚，希望他能利用"双法"制订最佳的开发方案。华罗庚收到信后很爽快地答应下来。4 月初，国家计委、国家经委、电力部、铁道部、交通部、邮电部等部门召开会议，提出在"六五"规划会议前拿出论证方案，并决定由华罗庚负责，组织煤炭、电机、铁道、航海、通信、能源等学会的 20 多位专家成立咨询专家组，奔赴两淮完成这项工作。会议结束后，华罗庚两次率队到两淮煤矿视察。他冒着近 40 摄氏度的高温，亲自到矿井里与工人们研究统筹方案。经过紧张的调查、论证与试验，他们终于拿出了加快两淮煤炭开发及配套工作的论证报告和统筹图。7 月初，煤炭部在北京召开会议，大家一致认为这个方案数据可靠，材料扎实，切实可行。采用这个方案后，两淮煤炭的建井工期比过去平均用时缩短了两年左右，提前一年可多产煤 4000 万吨；共计安排了 23 个矿井的建设和外部配套工程的同步建设，总规模 4870 万吨，到 2000 年可全部建成投产。对此，高扬文激动地对华罗庚说:"你的专家组与我们结下了不解之缘,10个煤炭基地的长远规划都希望你们参加咨询论证。"随后,经华罗庚参与论证的大型项目,如准噶尔露天煤田开发规划、大庆油田"七五"规划等均成功付诸实施。

1978—1984年,华罗庚还多次带领小分队到内蒙古自治区推广"双法",自治区政府聘请华罗庚为科学技术总顾问,"双法"在内蒙古家喻户晓,取得了显著的成果。

对华罗庚来说,推广"双法"事无大小,无所不包,大到修铁路、建工厂的优选方案,小到炸油条如何省油,都可以进行研究解决。他以给工人、农民"做徒工""递工具"来勉励自己及小分队成员,成了一位真正的人民数学家。日本数学会理事长小松彦三郎教授评价道:"就产业而言,华先生仅用20年时间就做完了其他国家需要几代人才能做完的事情。"这一评语直观肯定了华罗庚的"双法"对中国经济发展与国家建设的重要推动作用,它就如燃料一般,源源不断地为全国各行各业输送能量,对国家的发展可谓功不可没。

第十章　治学育人之道

华罗庚有许多精辟的治学育人理念，如"聪明在于学习，天才在于积累""由薄到厚，由厚到薄""由博返约，入深出浅"等，给年轻的科技工作者留下了宝贵的财富。他的勤奋精神及治学严谨的态度和方法，足为万世师表。

1. 严师出高徒

新中国成立后，正如毛主席所说的那样，华罗庚肩负起为中国科学事业，尤其是数学事业培养先进人才的重任。这份责任使身为人师的他不敢有一丝一毫的懈怠。

为了更好地投身教育，华罗庚携妻儿回到北京后，把家人安排住在数学研究所附近的平房里。那里虽然条件简陋，但是有助于他全身心地投入到数学的研究及与学生的交流讨论之中。

此时的华罗庚早已声名在外，很多人不知道他还是个40多岁的壮年人，这让很多慕名前来的人无比惊讶。想要报考华罗庚数学研究生班的王元，就曾因华罗庚的年龄惊异不已："华老师年纪这样年轻，却已经有了很大的名声和成就，他肯收我做研究生吗？"后来，王元成了华罗庚的得意门生。

第十章　治学育人之道

华罗庚在教育方面始终主张培养学生的独立思考能力。他说，一个学生在具体指导下可以获得数学的基本知识，并且同时开始研究。为了做好研究工作，学生们必须独立思考，因为客观世界总是发生变化，科学工作也在不断发展，这就要求有常新的建设性的方法和创造性的勇气。他在《中国青年》上撰写的一篇文章中这样写道："在我身上没有任何天赋，所谓天赋都是依靠学习。"他鼓励学生们锻炼自己的创造性思维，不赞成用死记硬背的方法学习数学。

华罗庚在教学中有几个主张：一是主张学习的主动性与自主性（独立性），二是主张学习和研究相结合，三是主张选读名家的数学原著和文献。

华罗庚在教育上的这些主张，很大程度上受到了在国外访问生活的影响。他在国外访问期间，经常有中国留学生向他反映，中国的大学不注重培养学生的独立思考能力，严重阻滞了他们现在的学习。课堂上那些死板的阅读和听记并不能击败他们，但是一遇到课堂讨论这样的活动，他们几乎没有什么想法，更别提在全班人面前说出来了。中国学生甚至不知道应该如何进行专业资料的搜索，即使好不容易找到了参考书，他们也只是简单地阅读，浅尝辄止。"我们的学生有一个很不好的习惯，就是一旦遇到什么问题，就去问别人，一次问不出就再问一次，直到问题解决为止。这种方法虽然简单，却也让学生们不愿意费力去思考。我的责任就是让学生们改变这种习惯,能够养成更符合现代科技所需要的学习方式。"

他讲课时通常不安排答疑环节。对于讲义或书本上的题目,他总是要求学生自己去分析,习题也要求学生主动去做,做多做少可以自行决定。他从来不考试,而是按平时做题的情况打分,为此学生们都很喜欢他,觉得不以考试论成绩是他对学生的学习自觉性与自主性的"品格尊重"。

但华罗庚也是一位严厉的老师。他对学生要求十分严格,要求学生要有新想法,有创新精神,不能依样画葫芦。"如果自己的脑子里没有问题,那就不是数学家了。"他说。当学生有了新想法,取得点滴成果时,他总是给予鼓励。他也经常告诫学生不要眼高手低,而要注意练好基本功,认真踏实地钻研,像学习武术拳法一样,冬练三九,夏练三伏,日积月累之后,自然会有收获。在研究过程中,他经常鼓励学生多提意见,并明确表示,不肯给他提意见的人,他不会指导其做研究。

和青年们谈论治学方法时,他曾语重心长地说:"古时候,有些人想修道成仙,大致采用两种方法,一种是自己苦修,另一种是吃'金丹'。后一种方法显然是荒唐的。但前者的苦修精神,却是可为今人在摸索学习方法时采用的。这种苦修精神,说起来就是不怕困难,锲而不舍。自修是一种比较艰苦的学习方法,但它的优点是无论何人、何时、何地都可以采用。只要我们能按部就班,不懈不怠,继之年月,它就可以帮助我们到达科学的光辉顶点。"

据华罗庚的学生们回忆,华罗庚有着惊人的活力,常常工作一整天也不知疲倦,连晚上也在忙着研究,而且周末几乎不休息,学生们只能跟着加班加点,专攻学业。

每天早上,还在睡梦中的学生们总会被华罗庚急切的敲门声惊醒。华罗庚逐个找到学生的宿舍,催促他们起床,等学生们一切就绪后便立即投身讨论和研究之中。有时,晚间学生们都休息了,华罗庚突然想到一些正在讨论中的问题的解决方法,于是不顾一切地跑去将学生们重新叫醒,开始兴奋地讲解。这一讲就讲到天亮。如果发现哪个学生有懈怠现象,华罗庚便示以警醒。妻子吴筱元对他的做法也看不下去,有时责备他几句:"他们这么年轻,你礼拜天、晚上也不让人家休息,人家找不到对象怎么办?"华罗庚只是淡然一笑,说:"不刻苦,不用功,将来没有出息,恐怕才真找不着对象哩!"

在讲课的过程中,遇到关键的方法与转机的节点,华罗庚总是先让学生认真思考:"人家是怎样想出来的?如果是你,该怎么办?"这种反复的提醒,使学生的思路在对比与鉴别中得到扩展,对数学的理解能力也有了很大的提升。

华罗庚还很注重从身边的事物引发出数学问题,激发学生对数学的兴趣。比如,他让学生们以球面三角为工具,根据报纸上报道的苏联导弹落点的位置去推算导弹发射点的所在位置；或者让学生利用人造卫星轨道方程，计算太阳系其他行星的第三宇宙速度等。

为了理论联系实践，华罗庚还亲自带领学生下工厂、农村，在劳动中解决实际问题。对此，他说："学生时代就要培养应用能力，探索一条培养应用数学人才的途径。"

有一次他们下农村，劳动收工时，有个学生总是跑在最前头，带领大家直奔前方流过田地的一条水渠洗刷农具，然后再朝着住宿的村落直线前进。华罗庚看在眼里，问那个学生："你带大家走的路线对吗？"学生愣了一下后恍然大悟，这个路线中包含了一个平面几何的优化问题。华罗庚说："这里实际上是两个阶段的优化决策问题，你只看到了第一阶段的优化，缺乏全局观念，走的路线不是全局优化。"后来，华罗庚用这个例子考查过很多学生，大家几乎都是劳动完直奔水渠，没有考虑到全局路线的长短。对此，华罗庚说："你们做的是物理运动，我看到的是数学现象。"

俗话说，严师出高徒。华罗庚所指导的学生，或多或少都受到了他的影响，渐渐养成独立思考、坚忍执着的品质。在他的学生中，越民义、万哲先、陆启铿、龚升、王元、许孔时、魏道政、严士健、潘承洞等人后来都成为著名的数学家，成为中国数学界的骨干。

1956年1月20日，华罗庚在《中国青年报》上发表了一封热情洋溢的信——《写给向科学堡垒进攻的青年们》，以数学研究所的青年的成长鼓励全中国千千万万的青年们。他在信中写道：

....

我们所里有一位年轻同志被分配在一个较薄弱的门类中工作，那里没有强有力的导师，但是经过四、五年的努力，去年他写出论文了，质量还很不坏。

又有一位青年没有导师，在独立工作着，他偶尔和有经验的科学家讨论问题，后者告诉他一些感性知识及应有的结论。结果这位年轻科学家完成了一篇概括性极强的研究论文。

更不止一位青年，在能力较强的导师领导下，或者写了很多论文，在结果方面有丰富的收获，或者出现了突破难关性的数学论文。这种论文大大地超过了解放前"洋博士"的水平。

....

……有一位青年花了两年的时间才学习了一个方法（虽然这个方法现在他可以在一小时内给大学生们介绍清楚）。经过这样的辛勤锻炼，他终于在老科学家的帮助下突破了一个难关。诚如大家所知道的，难关一破，收获滚滚而来。

另一个青年，草稿纸废了几百张，算来算去花了半年多的时间,终于得出了好结果。在这个过程中,他多次摔倒,不止一次对老科学家说:行不通了,攻不破了!但老科学家给他信心,并具体地给他些帮助,最后终于获得了战果。

这些青年或者从"描红""临摹"入手,做些依样画葫芦的工作,或从整理资料文献入手,总结前人成就。但不管用哪一种方法,他们搞出了具体贡献。

从这些经验中可以分析出一个要点,就是只要不怕辛勤和艰苦,终会成功的。是的,科学高峰上的道路是崎岖难行的,并且有时还无路可循,必须独辟蹊径。但是对不畏攀登的青年来说,他们是一定爬得上光辉顶点的。

…………

1979年以后,华罗庚又提出治学之道应该是"宽、专、漫"。也就是说,基础要"宽",对专业要"专",并且让自己的专业知识"漫"到其他领域。当初他从解析数论中"漫"出来,可以说是他一生研究数学的得意之笔。"我们从一个分支转到另一个分支,是把原来所搞的分支丢掉跳到另一个分支吗?如果这样就会丢掉原来的。而'漫'就是在你搞熟弄通的分支附近,扩大眼界,在这个过程中逐渐转到另一分支,这样原来的知识在新的领域仍然有用,选择的范围就会越来越大。"这些观点既是华罗庚的经验总结,也是他留给广大学生治学的良方。

2. 把书看成两页纸

华罗庚对年轻人一向很关心爱护，在日常生活和工作中总是尽己所能地帮助年轻人成长、成才。他曾经对学生说："我常跟你们年轻人讲，一本书要先把它看厚，一看觉得这里面东西很多。再看的时候要把它看薄，它的精要你要记住，非记住不可。然后再看第三遍，整理笔记，最后把它整理到两页纸上。把书看成两页纸，你就会了。"

这"两页纸"的背后还藏着一个鲜为人知的典故。成昆铁路修建时，条件极为艰苦，进展缓慢，伤亡也很大。为了解决施工过程中的困难，周总理特地把华罗庚派过去。工程总指挥首先请求华罗庚帮忙解决火药导火索长度的问题——既不能太长，也不能太短。华罗庚有些为难，说别人要讲一本书，可他只有两页纸的内容。总指挥表示这样更好，战士们没有时间去消化一本书，两页纸的精华再好不过了！于是，华罗庚就拿着这两页纸给大家讲开了。后来，部队普遍采用华罗庚的优选法，伤亡大大减少。

华罗庚一向认为，做学问的人不应该卖弄自己的学识，故弄玄虚，把简单问题复杂化。而他之所以能成为一位伟大的科学家，不仅是因为他在数学领域的巨大贡献，更在于他能够深入浅出地把高深的理论讲清楚，让普通人也可以活学活用，应用到生产工作中去。

陈知健曾任重庆警备区副司令员，有段时间，他跟着华罗庚的小分队去推广"双法"，当时他正好在自学布尔代数。一天，华罗庚看见他在学布尔代数，笑着对他说："这个东西很简单！"陈知健想，布尔代数虽然不算高深复杂，但是也不能说简单吧。华罗庚看出他心里不服气，就说不妨打个赌，他只用15分钟就能让陈知健学会布尔代数。陈知健半信半疑地同意了。

"布尔代数是用一个外国人的名字命名的，这个代数的实质就是有无代数，是通断代数……"华罗庚一针见血，第一句话就抓住了问题的实质。陈知健对华罗庚的敬佩之情油然而生。因为突然来了客人，华罗庚找来自己的学生陈德泉，简单交代几句，让他继续讲解下去。陈德泉当时的数学造诣虽然不如华罗庚，但也只用了26分钟就把布尔代数讲清楚了。这以后，陈知健认真琢磨了华罗庚教给自己的学习方法，把中学到大学的课程从头到尾过了一遍，感觉豁然开朗。同时，他对布尔代数及华罗庚的优选法也有了深刻的理解。

随着时间的推移，华罗庚不断改进与发展自己的治学方法。1962年，他在《中国青年》发表文章《学与识》，明确提出了"由薄到厚""由厚到薄"的两阶段读书论。他说："有人说，基础、基础，何时是了？天天打基础，何时是够？据我看来，要真正打好基础，有两个必经的过程，即'由薄到厚'和'由厚到薄'的过程。'由薄到厚'是学习、接受的过程，'由厚到薄'是消化、提炼的过程。……经过'由薄到厚'和'由厚到薄'的过程，对所学的东西做到懂，彻底懂，经过消化的懂，我们的基础就算是真正地打好了。有了这个基础，以后学习就可以大大加快，这个过程也体现了学习和科学研究上循序渐进的规律。"

数学书一般写得比较精练，省略了一些推导与计算步骤，初学时必须十分认真与仔细，补齐省略的计算与推导，这就是"从薄到厚"。而"把学到的东西经过咀嚼、消化、融会贯通，提炼出关键性的问题来"，保留最重要的思想和提纲，这时就觉得这本书变薄了。华罗庚常常比喻说："现在中学的数学在你们脑子里还剩下多少？不是薄薄的了吗？"他用这个观点鼓励青年学习时要加快向"变薄"转化。

在基础教育方面，按照华罗庚的意见，应该采取"厚薄读书法"。第一步是让学生吸收知识，反复练习，广泛涉猎，加进自己的理解，把书读"厚"；第二步，帮助学生通过反复咀嚼、消化吸收，自己总结经验，包括解决数学问题的经验，能够提纲挈领、如数家珍似地把知识融会贯通。这样做既是打基础，又是创新。中小学生若能做到这样,将来的发展前景必然十分广阔,创新能力也会大大提升。

华罗庚的治学方法,对于当今某些假"创新"之名而行功利之实的浮躁风气,无疑是一剂令人清醒的良药。

3. 天才在于积累

随着华罗庚的名气越来越大,人们开始对他的学习方法产生浓厚兴趣,加上媒体的一些宣传,他成了人们心目中的天才。华罗庚为了矫正视听,他在报刊上发表文章,客观地介绍了自己的学习经验与体会。

1956年,他在《聪明在于学习,天才由于积累》的文章中写道:

……许多有名的科学家和作家,都是经过很多次失败,走过很多弯路才成功的。大家平常看见一个作家写出一本好小说,或者看见一个科学家发表几篇有分量的论文,便都仰慕不已,很想自己能够信手拈来,便成妙谛,一觉醒来,誉满天下。

其实,成功的论文和作品只不过是作者们整个创作和研究中的极小部分,甚至这些作品在数量上还不及失败作品的十分之一。

第十章 治学育人之道

……有的同志也许觉得我在数学方面有什么天才,其实从我身上是找不到这种天才的痕迹的。我读小学时,因为成绩不好就没有拿到毕业证书,只能拿到一张修业证书。在初中一年级时,我的数学也是经常补考才及格的。但是说来奇怪,从初中二年级以后,就发生了一个根本转变,这就是因为我认识到既然我的资质差些,就应该多用点时间来学习,别人只学一个小时,我就学两个小时,这样我的数学成绩就不断得到提高。一直到现在我也贯彻这个原则:别人看一篇东西要三小时,我就花三个半小时。经过长时期的劳动积累,就多少可以看出成绩来。并且在基本技巧烂熟之后,往往能够一个小时就看完一篇人家看十天半月也解不透的文章。所以,前一段时间的加倍努力,在后一段时间内却收得预想不到的效果。是的,聪明在于学习,天才由于积累。

有一次,学生陆启铿发现华罗庚的很多藏书中都夹有黄土,他不胜好奇,便询问华罗庚。华罗庚听了不禁开怀大笑,吴筱元在一旁笑着解释说:"这是在昆明的防空洞里弄的。当时日本飞机常来轰炸,可他什么也不管,躲在防空洞里仍然只知道读书。"陆启铿听了十分感动,华罗庚也以亲身经历教育他要学会利用零碎时间,只有完全付出了才能有所收获。

华罗庚还曾与学生提到一件趣事,20世纪30年代在清华大学物理系读书的钱伟长,原本想习文,"九·一八"事变后,他改变志愿,决定学习物理。但因为没有受过中学的系统教育,所以钱伟长在清华大学时十分用功,每天早上5点就起来念书。他本来以为自己应该是全校最用功的学生,没想到华罗庚比他更用功,每天早上四点半就起来念书了。

华罗庚反复向学生强调积累的重要性,他说:"年轻的时候,别人用一个钟头做的事情,我用两个钟头来做,并且长期坚持下去。几年以后情况就不一样了,别人需要一个钟头做的事情,我20分钟就做完了。"

"读十本八本,不甚了解,反不如把一本书从头到尾读得精通烂熟。所谓烂熟不只是会背会算,而是能掌握基本精神、基本原理,能够灵活运用,并且必须注意它的连贯性,依照深浅,一本一本地学下去。……一言以蔽之,我们必须认识科学知识的积累性。学习科学知识有如筑塔,级级上升,每一级都建筑在以下诸级之上。因之,一级不稳,就筑不上去。……

"学习科学时,必须紧紧掌握'知难而进'的原则,一般说来,难易决定于主观(指学习,不指研究),决定于已有的训练。曾经克服过不少困难,则'难'将变为'易';望而生畏,'易'也变'难'。"

华罗庚认为,在学习上同样可以熟能生巧。他告诫青年:"不轻视点滴工作,才能不畏惧困难,而不畏惧困难,才能开始研究工作。轻视困难和畏惧困难是孪生兄弟,往往出现在同一个人的身上。""必须知道,只有不畏困难、辛勤劳动的科学家,才有可能攀登上旁人没有登上过的峰顶,才能获得值得称道的成果。所谓天才是不足恃的,必须认识,辛勤劳动才是科学研究成功的唯一的有力保证。天才的光荣称号是绝不会属于懒汉的!"

那么,如何着手从事研究工作呢?华罗庚说:"如果有导师指导的话,那他就可以告诉你这门科学过去有谁搞过,大致有些什么资料或著作(具体材料他也不可能知道),然后你可按这线索去寻找,这样做当然还比较好办。如果没有导师,只派你一个人去建立这个新部门,应该怎么办呢?我想首先要了解这门科学在世界上最有权威的是哪些人或哪些学派,然后拿这些人近年来发表的文章来看。起初很可能看不懂,原因大致有两种,第一,他所引证的教科书,过去我们没有念过。这很好,从这里知道我们还有哪些基础未打好,需要补课。第二,他引证了许多旁人的著作,这些著作我们不一定全部要看,但可以从这位科学家提供的线索开始,按他引证的书一步步扩大,从他研究的基础一步步前进。这样时间也不致花得太长,有的花一二年,有的花三五年就可以知道个轮廓了。"

华罗庚的上述经验之谈,不仅指导了青年们的学习,而且对各个学科的科学研究也有重要的指导意义。古语云:"授人以鱼,不如授人以渔。"无论从事哪类科学研究,只有掌握了求索真理与知识的方法,才能不断向更广阔、深远的领域前进。华罗庚语重心长地向青年分享他的这些切身体会也充分体现了他对青年一代的厚爱与期望。

第十一章　赤子之心

华罗庚既是一位数学家，也是一位真正的爱国者，每当国家危难的时刻，他总是选择和祖国站在一起。他对国家和民族的责任感与忧患意识，就是他鞠躬尽瘁，死而后已的动力。他用实际行动践行了自己的诺言："最大的希望就是工作到生命的最后一刻。"他是一个时代的丰碑，顶天立地，无愧于心。他勤奋、执着、爱国、奉献的高贵品格以及卓越的数学成就，将永远鼓舞后人，世代流传。

1. 老同志与新党员

从 1950 年回国起,华罗庚便认定中国共产党是支持发展科学的,这也使他把自己的政治生命与中国共产党紧紧地联系在了一起。

1958 年夏,华罗庚在中国科学院数学研究所召开的一次交心会上表示要加入中国共产党,他说:"我立志要做一个工人阶级的知识分子,我立志要做到又红又专,我立志要以共产党员的标准要求自己,我立志争取加入伟大的中国共产党,做一名无产阶级先锋队伍的战士。"

谈及入党后的打算,他诚恳地表示:"人贵有自知之明,我这个人'爱国'还算可以做到。但距离共产党员的标准还相差极远,好在初学写字的按样描红,有不少革命前辈的英雄事迹在,我一步一个脚印地走去,有信心会走上轨道。我也冷静地思考过,我受党的教育早,而入党迟;

第十一章 赤子之心

我偏得于毛主席、周总理的教导多,而进步慢。这反映了我内在的缺点,我非用加倍的努力赶上去不可。有利的条件在于科学的社会主义大道上讲的是实事求是,不说空话大话,老老实实地干,为提高人民的生活水平和全民族的科学文化水平而干,为社会主义四个现代化而干,我要把余年奉献给祖国,奉献给人民,奉献给党,奉献给壮丽的共产主义事业!"

1963年,华罗庚正式递交了入党申请书,却没有通过。这件事成了他离开数学研究所去中国科技大学工作的原因之一。

1964年年初,华罗庚读了毛主席写的《七律·和郭沫若同志》后,给毛主席写了一封信,并附上一首《西江月》词:

森森白骨堆中,是俺生身所在。皮囊纵然百般改,积垢依旧深埋。

妖兴易受蛊惑,风起障目尘埃。勤学毛著脱凡胎,才能入得门来。

其中的"才能入得门来"一句明确表达了他的入党要求。毛主席回信鼓励他:"壮志凌云,可喜可贺。"于是,华罗庚在1964年第二次提交了入党申请书,然而结果仍然令他失望,中国科技大学党组织也拒绝了他的入党要求。

1966年10月1日，华罗庚应邀登上天安门城楼，并且被毛主席亲切地称呼为"同志"。这使他又鼓起勇气再次提交了入党申请书，可惜仍然没有得到通过。

华罗庚做事一向执着，不达目的誓不罢休。1979年3月25日，他在前往英国伯明翰讲学前第四次提交了入党申请书。他在申请书的结尾写道："虽然现在蒲柳先衰，心颤，眼花，手抖，头发白，但决心下定，活一天就为党工作一天，活一小时就为党工作一小时。""对党，对人民，对祖国起些微薄的作用。"

功夫不负有心人，同年6月13日，华罗庚总算实现了自己多年的心愿，成为一位真正的共产党员。

从英国回国后，1980年元旦，华罗庚见到了邓颖超，邓颖超以"老同志，新党员"勉励他。之后，华罗庚写了一首词《破阵子·奉答邓大姐》，请《支部生活》杂志社转交给邓颖超。全词如下：

五十年来心愿，三万里外佳音，沧海不捐一滴水，洪炉陶冶砂成金，四化作尖兵。　老同志，深愧怍，新党员，幸勉称。横刀哪顾头颅白，跃马紧傍青壮人，不负党员名。

华罗庚还写了一首《党员本色》，一同送给邓颖超，全文如下：

第十一章　赤子之心

实干，苦干，拼命干，党员本色。空话，大话，逢迎话，科学罪人。实践明真理，历史证忠贞。聚沙成塔塔不固，长城哪能一夕成，所赖在坚韧。

成为党员后，华罗庚投身数学事业的劲头更足了，他置自身的健康于不顾，继续忘我地为国家和人民"燃烧"自己。

2. 不变的爱国之心

作为中国最杰出的数学家之一，华罗庚的责任不仅仅是发展中国的数学教育，培养更多的杰出青年，更要带领中国科学研究走向新的阶段，与世界接轨。他的爱国之心并没有随着战争的远去而冷却，反而在这种环境下愈显真切。

有一次，匈牙利著名数学家保尔·吐朗对新中国进行学术访问，在交流过程中，他对中国晚清数学家李善兰提出的关于组合的恒等式问题进行了证明。保尔·吐朗是第一个来到新中国进行访问的外国数学家，与新中国方面的交流具有重大的国际意义。华罗庚听到他的证明之后非常气愤，也十分内疚，因为这个数学问题最早由中国数学家提出，成果理应属于中国。但是，因为多年以来，中国的数学家没有做出相应证明，使成果落入外国人手中。他觉得自己的民族自尊心受到了伤害，他把这件事说给学生们听，希望他们能从中有所体悟和思考。

因为保尔·吐朗作完报告的第二天即将起程回国，华罗庚连夜对这个数学问题进行了研究，终于在天快亮的时候得到完整的证明方法，而且这种方法比保尔·吐朗的方法更为简捷明了。

第二天为保尔·吐朗送行时，华罗庚将自己的证明方法交给保尔·吐朗，保尔·吐朗看了震惊不已，没想到这位中国数学家有如此强大的智慧，仅用一夜时间就改良了自己的方法。同时他也深为华罗庚的民族自豪感而感动。

后来，华罗庚把李善兰恒等式及自己的证明写进了他为配合中学生数学竞赛而编写的小册子《数学归纳法》。

这一时期，华罗庚正当壮年，年富力强的他将全部精力投入数学研究中。荣誉和责任并存，在享受荣誉的喜悦时，他也不忘身负的重大责任。但是，他从来没在困难面前退缩，总是迎难而上、勇敢克服。

1978年中国改革开放以后，英国伯明翰大学的数学系系主任利文斯东慕名写信邀请华罗庚前去讲学。因为十年动乱，华罗庚对国际上数学的发展情况知之甚少，觉得有机会去了解国际动态是件好事，于是欣然同意下来。有些朋友则认为，华罗庚多年来连图书馆也进不了，根本接触

第十一章 赤子之心

不到国际数学界的信息,现在去给外国人讲学,岂不是有班门弄斧之嫌,因此都劝华罗庚不要去为好。

但华罗庚对此很不以为然,他说,首先,所谓讲学,去"讲"正是为了"学"。只有到大师面前去比一比,去"露丑",才能认识到彼此间存在的差距,清醒地认识到自己的不足以及努力的方向,以人之长补己之短,才能有所进步。所以,他认为,要想提高自己的能力,"弄斧必到班门"。他还形象地说:"你要耍斧头就得敢到鲁班那儿去耍,如果他说我有缺点,一指点,我下回就好一点了;他如果点点头,说明我们的工作就有相当成绩。"

1979年,华罗庚带着柯小英、陈德泉、潘承烈、那吉生4人来到了英国伯明翰大学。这是他从美国返回祖国后第一次到西方讲学。出乎他意料的是,"这次出访竟使西方学术界某些人士感到震惊。他们敏感地认为:华罗庚能到西方讲学,这一行动本身就说明新中国的政策有了变化"。

美国伊利诺伊大学数学系主任哈贝斯坦在《华罗庚论文选集》的序言里写道:

1979年华罗庚在欧洲突然出现,对我们许多人来说,是一个罗曼蒂克事件,它使神话变成了现实。长期以来(似乎是命运注定的)华罗庚在我们的数学编年史上,仅是一个令人崇敬的名字,但他却意外地、端庄地出现在我们面前，庄严而又活泼，朝气蓬勃且富于智慧，文静而又不停地探索新的课题。这时候，我们才意识到，在长达30年的时间里他在国际舞台上消失曾经引起我们多么深切的怀念。从他的著作中挑选出这些论文，是最有说服力的论据，无须我们再作什么说明了。我希望它的出版能代替我们最诚挚的话语："欢迎你回来！"我能为本书的出版略尽微薄之力，深感荣幸。从他那给人以深刻印象的全部著作中仅选出这样一小部分难免失当。而且，从长远看，我做的只不过是（在这里我引用华罗庚一句诗的大意）用木雕来报答对方赠予我的翠玉。

不管怎样，40多年后重访英国，故地重游，华罗庚不免感慨万千。他在这里见到了不少过去的朋友，当年意气风发的少年如今已是白发苍苍。

华罗庚在伯明翰大学作了多次纯粹数学与应用数学的学术报告，得到了广泛好评。听众除了数学系的师生以外，还有数学物理系、数理经济系、生产工程系、机械系、化学系的师生。他还应邀到牛津大学、剑桥大学、曼彻斯特大学等大学作报告。

伦敦数学学会也邀请华罗庚为英国数学界作报告，华罗庚以"在中华人民共和国普及数学方法的个人体会"为题，讲述了怎样把数学方法化繁为简，做到深入浅出、通俗易懂，使广大群众听得懂、学得会、用得上，提高工作

第十一章 赤子之心

效率和管理水平,解决生产中的实际问题,从而推动广大群众学科学、用科学的热情。报告结束后,伦敦数学学会秘书长辛麦斯特给华罗庚写信说:"我想以伦敦数学学会和我个人的名义,感谢您能亲自出席会议并作了极为精彩的演讲而给予我们很大荣誉。我个人认为,您的经验除了中国外,对其他许多国家的情况也是完全适用的。即使在英国,好的数学家要解决实际问题仍然存在很大差距。虽然我们给很多工程技术人员讲授数学,但令人失望的是,他们中很少有人经常以数学头脑来思考问题。我只能期望,数学界能把您的榜样铭记在心,去做出实实在在的成绩来。"

7月22日至8月1日,国际解析数论大会在英国达勒姆举行,华罗庚应邀出席了这次盛会。他的学生王元、潘承洞也从国内赶来,分别作了《数论在近似分析中的应用》和《新中值公式及其应用》的报告,受到广泛好评。人们纷纷向华罗庚祝贺,恭喜他培养出如此优秀的人才。

华罗庚访英的消息很快传遍了欧洲,邀请函纷至沓来。10月下旬,华罗庚来到荷兰参加学术活动。一位在荷兰留学的美国学者听了华罗庚的报告后,写信给他说:"您在埃因霍温的演讲,真令人赞叹不已。您向大家表明,一个好的学者,即使是在最恶劣的环境中,仍然能做出出色的成绩。您使我们这些生活在安逸与稳定环境中的人只能感到羞愧。"

11月，华罗庚踏上了法国这块美丽的土地，接受了法国南锡大学授予的荣誉博士学位，这是他生平第一次得到博士学位。几天后，法国科学院在巴黎召开院士大会，热烈欢迎华罗庚来访。

12月31日深夜，在出访将近8个月后，华罗庚回到了北京。这次西欧之行让他感受颇多，他多次对身边的人说："如今国际上涌现出一批很有成就的新人，可我国由于'四人帮'的干扰，在教学人才方面呈现出青黄不接的现象，急需多做努力，加以培养。当然，我们在某些领域还是有成就的，应该树立赶上世界先进水平的信心。"

在英国时，华罗庚被问及回国后有何计划，他回答说："在我几十年从事数学研究的生涯中，我最深的体会是，科学的根本是实。我虽然年近古稀，但仍以此告诫自己。""树老易空，人老易松，科学之道，戒之以空，戒之以松。""我愿一辈子从实以终。这是我对自己的鞭策，也可以说是我今后的打算。"

作为对1976年美国数学家代表团访华的回访，华罗庚从英国回来后，又开始准备访美。1980年8月8日，华罗庚率队由北京起程赴美访问，代表团成员有程民德、秦元勋、王元、戴新生、丁夏畦、萧树铁、石钟慈、叶彦谦、苏凤林。到美国后，华罗庚访问了26所大学、3家公司，作了38次演讲；还有22所大学他因为身体状况不佳而未能赴约。

第十一章 赤子之心

这次在美国，华罗庚见到了很多老朋友，如唐培经、陈省身、项武义、丁肇中、林家翘、丘成桐、项武忠等。他深刻体会到"学术交流是十分重要的，交流得越广泛，发展得越灿烂。一切闭关自守的思想不仅阻碍世界学术的发展，而且也使自己缺少了汲取营养、取长补短的重要渠道"，"只有互相往来，通过较长时间的促膝谈心才能使科学交流更深入、更广泛、更有成效。在美国他们有一个经验，不要'近亲结婚'，也就是一个大学毕业的学生一定要送到其他大学去，在其他大学里经过交流、培养，有时回来，有时就在其他地方发展了。这个方法好，如果学生知道的只是老师的一部分，徒孙又只知道徒子的部分，这样科学就不可能发展，这样就只能形成许多山头、学阀，还有没有学的'阀'"。

1983年10月，华罗庚又应美国加州理工学院之邀前往美国访问，同行人员包括华俊东、华光、柯小英、陈德泉、裴定一等。华罗庚这次访问以加州理工学院为"基地"，偶尔出去作些短期访问。

有一天，华罗庚正在收看伊利诺伊州与加利福尼亚州的足球赛，电视屏幕上突然出现了"加州理工学院对麻省理工学院"的字幕，观众还以为是电视转播出了问题，后来才知道是加州理工学院的一个学生开的玩笑，他用自己搞的一个发射装置，调换了电视台发射的信号。对此，华罗庚感慨地说："玩笑开得是过分了点，但也说明这位青年很有创新精神与钻研能力，否则是做不到这一点的。"他认为美国青年思想活跃，喜欢思考，勇于探索，是很有希望的一代。他还对身边的人说："中国就应该学学美国人重实际、讲效率的特点。我一到美国，对方并不客套，也没什么应酬活动，但一切都安排得很妥当。不像我们中国人动不动就前呼后拥，白白浪费了人力、物力与财力。"

华罗庚这次访美收获不小。美国贝克脱公司曾经想开发我国的准噶尔煤田，煤炭工业部部长高扬文让华罗庚负责相关的评审工作，华罗庚提出了许多有益的建议，并让陈德泉留在旧金山继续工作。这个合作项目动工后，华罗庚被聘任为中美国际工程公司总顾问。华罗庚还访问了CDC（美国疾病控制与预防中心），并与美国洛克国际畜牧研究中心的负责人内塔·劳姆签订了合作意向书。

1984年4月30日，华罗庚参加了美国科学院院士大会。他于这一年以全票当选为美国科学院外籍院士，院长普雷斯在会上详细介绍了华罗庚在数学方面的成就，最后说："他是一个自学出身的人，但是，他教了千百万人民！"

华罗庚从20世纪50年代初即离开美国回国，其间遭遇了许多委屈与劫难。这次很多外国学者好奇地问他，是否后悔当年放弃在国外生活的机会，而选择回国。华罗庚坚定地回答："不！我一点也不后悔回到我的祖国。"他当即发表了热情洋溢的演说，真诚地表达了自己对祖国的认识和思考，以及自己对祖国始终如一的热爱和忠诚。他的话受到了在场学者们的热烈赞扬。

是的，环境可能会给一个人的生活或者生命带来巨大的变化，但是绝不会阻止一个人追求卓越的心，只要坚持不懈地努力追求探索，进步就绝对不会停止。

华罗庚的事迹在旅美侨胞中流传甚广，很多人找上门来与他合影留念，并把他称作"科学使者"。

7月3日，在临回国前，华罗庚写下《在洛杉矶海边山巅别墅隔窗西望有感》的诗句：

> 茫茫一海隔，
> 落落长相忆。
> 长相忆，
> 白云掩目苍海碧。
> 时光不倒流，
> 往事何必多回忆。
> 掌握好今时今刻，
> 为人类尽心尽力。
> 身后原知万事空，
> 人生难得三万六千日。
> 不珍惜，不落实，
> 悔何日，空叹惜。

3. 永远的故乡——金坛

金坛是华罗庚的故乡，地处江苏省南部，是宁波、上海和杭州三角地带的中枢。金坛县城环山绕水，是个人杰地灵的地方，清代经学家段玉裁、华罗庚都是从那里走出来的凤凰。

华罗庚到清华大学工作后，除了每年学校放假可以回乡探望一下家人外，其他时间几乎都是独自在北平生活，他对故乡的思念之情可想而知。每次回到金坛，除了与家人团聚，他必定会去探望一直关心自己的老师韩大受、王维克、李月波等人。金坛对他来说有太多值得回忆的地方，家里的小店、清河桥下的风土人情以及伴随他成长的金坛中学等，都存留着他的回忆。

让金坛人感到骄傲的是，即使后来华罗庚成为全国闻名的数学大师，他也没有忘记自己的故乡，而是对故乡有了更深的眷恋。

华罗庚在清华大学工作时，老家有人去探望他，带给他江苏出产的茶叶，他总是无比高兴，说："香，香不过故乡茶；亲，亲不过故乡人。"简简单单的几句话，表达了游子的思乡情怀。

第十一章 赤子之心

1946年夏，华罗庚结束对苏联为期3个月的访问回国，不久又要起程去美国访问。在这期间，他专程回了一趟金坛探亲访友。当时的他不仅是中外名人，更是金坛人的骄傲。听说华罗庚回来，金坛举行了盛大的欢迎仪式，恰巧华罗庚的恩师韩大受、李月波也回到金坛，华罗庚便放下一切安排先去拜访自己的老师。在去参加欢迎大会的路上，华罗庚坚持走在两位老师后面，并幽默地说百分之百应该是老师走在前面。进入会场后，他搀扶着老师在中间的座位坐下，自己则在老师身侧落座。他对老师的尊重，令在场的人感动不已。

因为华罗庚声名远扬，当天会场上聚集了很多想一睹其风采的人。主办方请华罗庚上台讲话，华罗庚推辞道："韩大受先生、李月波先生都在这里，理当先请他们两位讲话，否则哪有我说话的余地！"

听到人们用"数学天才"称赞自己，华罗庚摇头笑说："我哪里是什么天才啊，我是笨鸟先飞，慢慢学出来的，你们可以去问我的老师。"他始终认为，一个人的天分再好，也不能保证可以成功，成绩永远只能靠努力取得。"学习上没有什么天才，也没有捷径可以走，如果说有捷径，那就是要勤奋刻苦地学习，并要坚持不懈地努力，还要学会动脑筋。"

新中国成立后，华罗庚利用一些短暂的休假时间或者工作机会回金坛，而金坛的百姓们每次都十分热烈地欢迎他。

华罗庚心中对故乡的感情很大一部分是对母校金坛中学的怀念,尤其是对母校的老师们,他更是不曾忘怀。

华罗庚每次收到老师王维克的来信,不管在做什么,总是马上回信。有一次,他因为出差,家里堆积了很多信件,回到家后他一看有王维克老师的信,不顾身体劳累,立即提笔给王维克回信。他在信中真诚地写道:"归后,见书函盈尺,但不能不先复吾师……"

1951年,华罗庚得知王维克闲居家中,没有分配工作,便推荐他到商务印书馆任编审员,并经常去看望他。王维克工作勤勉,但因身体虚弱,加上不习惯北方的生活,于次年3月辞职回乡,4月便去世了。华罗庚接到消息后悲伤不已,无奈公务繁忙,实在无法脱身,他一再嘱咐妻弟代表他去吊唁恩师,并一直关心师母陈淑及其家人的生活和工作情况。

1963年10月,华罗庚到江苏视察工作,还特意绕道金坛去看望陈淑,并送上自己从北京带来的一只板鸭、一包红枣和一双尼龙丝袜。1980年,华罗庚借去江苏推广"双法"的机会,再次回到金坛,一是为了看望师母陈淑,二是去母校看看。陈淑把一本重新出版的王维克的《神曲》译本赠送给他,华罗庚动情地说:"这是老师的心血啊!"

多少年来,无论走到哪里,华罗庚对故乡、对母校的深情始终不改。不管什么时候，只要碰到老乡，他总是说金坛话。在北京，只要金坛来人，他总是高兴地说："金坛人来了。""我们又可以说金坛话了。"有时说到兴头上，他还要问问旁边的人："我们金坛话好听不好听呀！"对家乡的深情厚谊一直埋在他的心底。

1961年，华罗庚到江苏视察工作，顺便到母校金坛中学看望大家，并作了主题报告《天才在于勤奋，知识在于积累》。

1962年8月22日是金坛中学建校40周年纪念日，华罗庚专程请郭沫若为金坛中学题写了校名。他亲自题词"后来居上"，并请来著名书法家帮忙书写，又装裱完整，送给母校留念。

1963年，华罗庚又借视察的机会回到母校，作了题为"好好学习，天天向上"的演讲，鼓励学生们努力学习。

1980年暮春时节，华罗庚和学生们到南京了解"双法"推广的情况，顺便在5月20日回了一趟金坛。在金坛中学建校58周年的庆祝大会上，华罗庚作了题为"克三劫，攀高峰"的演讲，讲述了自己自强不息的经历，鼓励家乡的孩子们刻苦学习，掌握更多文化知识，为中国的现代化事业贡献自己的力量。这次金坛之行，抚慰了他那颗浓浓的思乡之心。

1982年，金坛中学迎来60周年校庆，华罗庚和当时在北京的80多位校友一起举行聚会，并发表了著名的讲话

《我的母亲一定永葆青春》，还送给母校 3 幅亲笔签名的国画，分别写着"修竹永翠""黄山卧龙松""大鹏展翅，志在高远"的题词。这简短的十几个字，表达了他对母校的祝福。

在推广"双法"时，华罗庚无数次深入江苏的多个地方，这两种数学方法与生产相结合，帮助家乡快速恢复了经济、提高了生产效率。金坛人是不会忘记他这一贡献的。

华罗庚还极为关注家乡教育事业的发展，不仅多次回到家乡给当地的学生发表演讲，支持母校的教育工作，甚至用自己的薪金资助那些从家乡考到北京读书的学生，对他们极为照顾。华罗庚屡次强调教育对一个孩子的重要性，而他也将自己的一生贡献给了这项神圣的事业，在讲台上发挥了自己最大的能量。

华罗庚去世后，金坛人民非常悲痛。令他们惊讶和感动的是，华罗庚在遗嘱的第一条就明确表示，自己死后要将骨灰撒到故乡的洮湖里，让游子的身躯和灵魂都回归故乡，永远地躺在故乡的山水怀抱里。后来，金坛人民在中山公园建造了华罗庚纪念馆，纪念馆门前的两根大柱子上刻有苏步青题写的对联：

　　　　一代畴人高山齐仰止
　　　　千秋事业祖国在飞腾

纪念馆里摆放了华罗庚的半身雕像，雕像后面的墙上挂有聂荣臻的题词："精勤不倦，自强不息"。

2004 年，华罗庚的妻子吴筱元去世后，他们的儿女想为父亲了却归乡心愿，于是向全国政协和民盟中央郑重提出了骨灰迁移申请，并很快得到了同意。随后，华罗庚与吴筱元的骨灰一起被迁回故乡金坛。

在骨灰安放仪式现场，华罗庚的长子华俊东在致辞时回忆了父亲生前的一些事迹，他声音哽咽，几次用手擦拭眼泪，最后说道："愿父亲长眠于故乡。"

4. 最后一次演讲

随着中国改革开放的步伐走得越来越快，越来越坚定，华罗庚的生活也越发光明起来。

1978 年 3 月，在全国科学大会召开前夕，华罗庚被任命为中国科学院副院长。同年 11 月，停顿了 18 年的中国数学会又恢复了年会，华罗庚作为理事长，主持召开了在成都举办的盛会。他在会上教导年轻人要扎扎实实地做学问，不要急功近利，并提出了"努力在我，评价在人"的治学思想。

这段时间是劳累的，但华罗庚的心情却无比舒畅，他对未来充满了希望。在《喜迎数学的春天》这篇文章中，他写到，数学是一门研究数量关系和空间形式的科学，哪儿有数、有形，也就少不了要用数学。中国是有光辉科学史的国家，有过不少当时世界第一流的数学家，如刘徽、杨辉、祖冲之等。只是到了明清以后，我国的数学才落后了。在旧中国，由于工业基础极为薄弱，谈不上研究为生产服务的应用数学。中华人民共和国成立后，随着工农业生产的发展，对应用数学也提出了相应的要求，不少数学家开始接触应用方面的问题，并做出了一定成绩。四个现代化的关键是科学技术现代化，而数学在科学技术现代化中有着重要地位和作用。为了发展我国数学，除了继续加强数学理论研究外，也要加强数学的应用与推广，既要重视基础理论，也要重视联系实际，面向群众，使数学既有一个大提高，又有一个大普及。在提高整个中华民族的科学文化水平中，数学同样担负着重大使命。

"科学的春天，当然也是数学蓬蓬勃勃、郁郁葱葱的春天，作为一个年岁较大的数学工作者来说，更不该老骥伏枥，空怀千里之志，而应当快马加鞭，为祖国为人民贡献出自己的全部余年。"

1981年5月11日，中国科学院第四次学部委员大会在北京举行。会议选举华罗庚为主席团委员，卢嘉锡为中国科学院院长，华罗庚不再担任副院长及其他行政职务。

1982年，华罗庚接受香港中文大学颁发的名誉理学博士。

第十一章 赤子之心

1983 年，华罗庚作为中国科学院数学研究所所长，出席了在意大利的里雅斯特召开的第三世界科学院成立大会，并当选为院士。

1984 年，华罗庚接受了美国伊利诺伊大学颁发的荣誉理学博士。

1985 年，华罗庚当选为全国政协副主席。同年，德国巴伐利亚科学院选举华罗庚为院士。这一年，中国数学界的领导层完成了新老交替。吴文俊任中国数学会理事长，王元任数学研究所所长，杨乐为副所长。华罗庚把更多的精力放在应用数学上，他的工作表明"现实世界中数学的应用，需要多少最高质量的创造性与智慧力量"；"实际问题永恒的存在与理论问题一样，会给数学家以丰富的源泉。日常问题对纯粹数学家来说亦具有挑战性的启发"。

还有更多数不尽的数学问题在等待着给华罗庚提供灵感，然而，时间是无情的，华罗庚已年逾古稀，加上长期超负荷地工作，给他的心脏造成了过重的负担，这位执着乐观的数学大师渐渐走到了生命的尽头……

自从 1975 年在哈尔滨发生严重的心肌梗死后，华罗庚的身体健康就受到了严重影响，北京 301 医院的心脏病专家黄宛为他诊断后说，能再活 5 年就不错了，多说也就再活 10 年。1976 年 1 月 15 日，华罗庚参加周恩来总理的追悼大会，会后引发心绞痛入院，所幸几天后便康复出院。

1982 年 10 月 3 日，华罗庚亲自到淮南煤矿开办"坑口学习班",向领导干部、技术人员及普通工人传授科学管理的方法,结果又一次发生心肌梗死,被连夜从淮南煤矿送进了北京医院。住院期间,他在病床旁边堆满了书和纸,一有时间就看书或计算。医生劝他好好休息,他却和蔼却又坚决地说:"你们医生追求的是病人生命长短的最大值,而我要的是生命价值的最大值。"他多次强调,他要战死"沙场",马革裹尸,决不甘心在北京坐以终老。

11月22日深夜,华罗庚在病床上为《数学方法与国民经济》写下了这样的俚序:

> 只管心力竭尽,哪顾水平高低。
> 人民利益为前提,个人成败羞计。
> 学龄已过六十,何必重辟新蹊。
> 贾藏、乘桴、翼天齐,奢望岂我所宜。
> 沙场暴骨得所,马革裹尸难期。
> 滴水入洋浩无际,六合满布兄弟。
> 祖国中兴宏伟,死生甘愿同依。
> 明知力拙才不济,扶轮推毂不已。

这次生病脱险后,华罗庚常有不适之感,抵抗力也大不如前。尽管如此,他仍然想在自己有生之年多干点实事,正如他在《述怀》诗中所写:

第十一章 赤子之心

即使能活一百年，
36524 日而已。
而今已过四分之三，
怎能胡乱轻抛？
何况还有老病无能为计。
若细算，有效工作日，
在 2000 天以内矣！
搬弄是非者是催命鬼，
谈空话者非真知己，
少说闲话，少生闲气，
争地位，患得失，
更无道理。
学术权威似浮云，
百万富翁若敝屣，
为人民服务，
鞠躬尽瘁而已。

就在这一年，日本亚洲文化交流协会邀请华罗庚访日。他原计划于 1983 年前往日本并且订好了机票，但后来因为访美又把访日的行程推迟到了 1985 年。

1985 年 6 月 3 日，华罗庚带着陈德泉、柯小英等人登上了赴日的飞机。柯小英是华罗庚的长媳，这次是以保健医生的身份出访。

华罗庚的身体状况并不是很好，但他觉得日本同行对自己期待已久，无论如何不能再让对方失望了。出发前，他嘱咐代表团成员到达日本后，一定要虚心向日本同行学习，认真了解并吸取日本将数学方法应用于经济管理和经济决策的经验。

经过3个半小时的飞行，飞机在东京成田机场降落。华罗庚拄着拐杖走下飞机，受到了日本亚洲文化交流协会理事长北村博昭的热烈欢迎。

中日双方的积极交流让华罗庚心情十分愉快。在访问日本之前，日本方面曾提出请求，希望华罗庚能够在行程中安排一次学术报告，华罗庚欣然接受。他想，这次的学术报告不仅仅是对自己学术成果的展示，更是代表国家向日本展示中国科学的发展动态，表达中国对日本的友好，对未来两国能够更好地进行学术交流具有重要意义。

6月4日上午，日中亚洲文化交流协会理事、数学家白鸟富美子来访，华罗庚赠送给她《华罗庚科普著作选集》一册作为纪念。

6月5日，华罗庚带着助手开始了紧张的学术交流活动。大家都劝他多休息，他却说："我剩下的有效时间最多不过5年，我的时间是用来工作的，不是用来休息的。"

6月6日，华罗庚因为腹泻没有参加活动，待在房间里给美国哈佛大学的贝柯夫教授和麻省理工学院的林家翘教授写信。在给林家翘的信中，他谈到了应用数学问题，

第十一章 赤子之心

表示"在满城春色的时候,能和你及贝柯夫教授聚谈数学的应用发展问题,是很好的时机。而更主要的是我们三人搞的数学的应用是不同的,这样的'三人行'也许给世人看到数学能够联系到多少方面,是能增加一些人对应用数学的认识的"。

6月8日,日方安排华罗庚一行到著名风景区箱根休息。住在风景如画的小涌园里,华罗庚无心观赏美景,而是认真地思考着向日本数学界讲演的内容。

6月9日,从箱根回到东京后,华罗庚开始为报告的演讲稿做准备,他连续两天谢绝了所有的访问活动,甚至一直工作到凌晨2点。对于一位身体状况堪忧的高龄老人来说,这样高强度的工作对他的健康是很不利的。

6月12日上午,华罗庚早早地做好准备,在代表们的陪同下会见了日本学士院的数学院士们,并将最近出版的《华罗庚科普著作选集》赠给他们,日本院士也恭敬地回赠了自己的著作。华罗庚坐在轮椅上,参观了日本学士院人员的工作环境,日本朋友热情地请求他在留言簿上写几句话。华罗庚写道:"十分荣幸地来访问日本学士院,祝两国科学日益繁荣。"谁也没有想到,这句话竟成了华罗庚在人世留下的最后笔迹。

数学会的学术报告在东京大学的活动大厅里进行,全场座无虚席。下午4点,华罗庚在日本数学会会长小松彦三郎的陪同下,走进了这个他期待已久的报告厅。他穿着笔挺的西装，拄着拐杖，笑容可掬，给在场的日本友人留下了很好的印象。这位满头银发的老人一步步地走向讲台，就像在他的生命里，他总是一步步地走向他的梦想一样。会场因为他的出现而爆发出热烈的掌声，大家都在期待着这位带有传奇色彩的数学家，向他们讲述数学世界的奥秘。

下午4点20分，华罗庚开始进行演讲。刚开始他用中文讲，由翻译译成日语，但是这种方式使他不得不放慢演讲的速度，在很多专业术语的解读上也有困难。在征集负责人和听众们的意见后，他改用英语进行演讲。没有了语言上的不便，他更是热情洋溢，认真细致地说明一个个数学论断，如数家珍般带领听众走进妙趣横生的数学世界。听众们深为华罗庚的热情感染，以不断的掌声表示他们最真挚的敬意。会场里，华罗庚用苍老而激昂的声音向人们展示科学的力量、数学的力量。

华罗庚越讲越兴奋，原定45分钟的演讲在他的请求下又延长了几分钟。他讲得满头大汗，先是脱掉西装外套，随后又把领带解开。会议负责人得知华罗庚身体不好后，特意在会场准备了轮椅，他可以坐着讲，但是为了表示对听众的尊重，他还是站着完成了演讲。

华罗庚结束了报告，在雷鸣般的掌声中疲惫地坐了下来。听众们还在回味着他的演讲，谁也没有注意到他又讲了一句什么话，之后他突然从椅子上滑下来，晕倒在会场上。人们大为震惊，在场的教授和医生们赶紧上去扶住华

第十一章 赤子之心

罗庚,此时华罗庚已经失去了知觉。

日方很快找来了东京大学的心脏病专家杉木教授。杉木赶到现场后,马上组织抢救,并亲自给华罗庚做人工呼吸与心脏按压,经过两次心脏按压,华罗庚有了一点呼吸。但是,暂停人工呼吸与心脏按压后,华罗庚的呼吸又变得微弱起来,杉木教授只得继续做人工呼吸。傍晚,医生们决定把华罗庚送往东京大学附属医院继续抢救。遗憾的是,抢救无效,晚上10点09分,华罗庚的心脏完全停止了跳动。

华罗庚永远地离开了这个世界!这位数学启明星虽然已经陨落,但他的坚强和执着、乐观和幽默、激情和热情,都深深地留在了人们心中,留在了数学的世界里。

1985年6月14日,华罗庚的遗体告别仪式在日本东京举行,中日各界人士都前去为这位在数学事业中鞠躬尽瘁的英雄送行。

6月15日,华罗庚的儿子华俊东手捧华罗庚的骨灰盒走下舷梯,回到了华罗庚一生热爱的祖国。华罗庚将在这片土地上永远地安息。几天后,华罗庚的骨灰安放仪式在北京西郊的八宝山革命公墓举行。时任中共中央政治局委员、国务院副总理万里主持了骨灰安放仪式。时任中共中央书记处书记、全国人大常委会副委员长陈丕显在悼词中这样评价道:"华罗庚是我国现代史上杰出的数学家……他的名字已载入国际著名科学家的史册。华罗庚同志是中国科学界的骄傲,是中华民族的骄傲。华罗庚同志也是我国最早把数学理论研究和生产实践紧密结合做出巨大贡献的科学家。从二十世纪五十年代末期开始,他就走出书斋和课堂,把数学方法创造性地应用于国民经济领域,筛选出了以改进工艺问题的数学方法为内容的'优选法'和处理生产组织与管理问题为内容的'统筹法'(简称'双法')。他亲自组织和领导了数以百万计的工人、农民、战士和工程技术人员推广'双法',使'双法'得到广泛的普及和推广,取得了显著的经济效益,培养了一支为国民经济服务的科普队伍。"

陈丕显说,华罗庚不仅是一位在困难条件下自学成才的杰出的科学家,而且是一位经历过新旧两个不同时代,从爱国主义者转变为共产主义者的我国知识分子的优秀代表。他顽强拼搏,为四个现代化建设奋斗到最后一息,实现了他"最大希望就是工作到生命的最后一刻",为共产主义事业奋斗终生的壮丽誓言。

华罗庚去世了,但是他对数学的不懈追求、对科学的热爱、对生命的执着,将永远留在人们心中。华罗庚在他的遗嘱中写了以下几点:

一、我死后丧事要从简,骨灰撒在家乡金坛的洮湖中;

二、我国底子薄,基础差,要提倡多干实事、有益的事,少说空话、大话;

三、发展数学,花钱不多,收益很大,应该多加扶持;

四、我死后，将收藏的图书及期刊赠送给数学所图书馆；

五、家庭生活的安排（略）。

这五条遗嘱凝聚着华罗庚最深的情感，无论是对家乡、对科学事业、对祖国，他始终在用至诚书写着对它们的热爱。这种热爱深沉而绵延，不虚华不张扬，只是用最朴实的文字、最坚定的行动展示着那颗令人动容的赤子之心。

几十年时光瞬息而过。如今中国科学事业的发展已是今非昔比，无数的科学新星在中国大地上冉冉升起，无数的科学成果从中国走向了世界，如果华罗庚的在天之灵能够看到，一定会无比欣慰。

当然，科学是没有尽头的。如何更好地发展科学、发展教育，甚至是发展国家，始终是需要我们不断思考的课题。逝者已去，但是精神长存，华罗庚留下的未竟事业将由我们继续，中国的未来也将由我们创造！

附录　华罗庚大事年表

1910年11月12日，出生于江苏省金坛县一个小商人家庭。

1922年，从县城仁劬小学毕业，进入刚刚成立的金坛县立初级中学学习。

1925年，进入黄炎培在上海创办的中华职业学校，学习会计。之后，因家里支付不起昂贵的费用，辍学回家帮助父亲料理杂货铺，利用空闲时间自学。

1927年，与吴筱元结婚。

1929年，被金坛中学雇用为会计兼庶务员，同时开始在上海《科学》等杂志上发表论文。同年冬天，患病，左腿关节受到严重损害，落下终身残疾。

1930年春，在上海《科学》杂志上发表论文《苏家驹之代数的五次方程式解法不能成立之理由》，得到了清华大学算学系主任熊庆来的赏识，进入清华大学，在数学系当图书馆助理员。

1933年，被清华大学破格提升为助教，并用4年时间学完了别人需要10年才能完成的工作、学业与教学任务。

1936年，经清华大学推荐，到英国剑桥大学访学。在剑桥大学的两年时间里，他的研究成果引起国际数学界的广泛关注。

1938年回国，受聘为西南联合大学教授。

1939年至1941年，完成第一部数学专著《堆垒数素论》。

1946年9月，与李政道、朱光亚等人一起前往美国，先在普林斯顿高等研究院担任访问教授，后又被伊利诺伊大学聘为终身教授。

1947年，《堆垒数素论》俄文版在苏联出版，后来又翻译出版了德文、英文、匈牙利和中文版。

1950年，携家人从美国乘船返回中国，同年2月在香港发表公开信，鼓励海外学子回来为新中国服务。

1950年3月16日，抵达北京，担任清华大学数学系主任，并与苏步青等负责筹建中国科学院数学研究所。

1952年7月，中国科学院数学研究所成立，并担任所长，培养了王元、陆启铿、龚升、陈景润、万哲先等一批著名数学家。

1953年，赴苏联访问，并代表国家出席了"二战"后首次在匈牙利召开的世界数学家代表大会。

1957年1月，论文《典型域上的多元复变函数论》获国家自然科学奖一等奖，并先后出版了中、俄、英文版专著。同年还出版了《数论导引》。

1958年，与郭沫若一起率中国代表团出席在新德里召开的"在科学、技术和工程问题上协调"会议。

1958年，任中国科技大学副校长兼应用数学系主任，开始带领学生在全国各地推广优选法和统筹法。

1959年，著作《指数和的估计及其在数论中的应用》被莱比锡大学首先以德文出版，后来又出版了俄文版和中文版。

1963年，与万哲先合著的《典型群》一书出版。

1970年4月，按照国务院总理周恩来的指示，亲自带领小分队到全国26个省、自治区和直辖市推广"双法"，为工农业生产服务，取得了巨大的经济和社会效益。

1975年，在大兴安岭推广"双法"，积劳成疾，第一次患心肌梗死。

1978年，任中国科学院副院长。相继出版了《从单位圆谈起》《数论在近似分析中的应用》（与王元合著）等专著。

1979年5月，在与世界隔绝近10年后，再次到西欧访问，把多年的数学研究成果介绍给国际同行。

1982年，前往淮南煤矿开办"坑口学习班"，第二次患心肌梗死。

1983年10月，应美国加州理工学院邀请，赴美进行为期一年的讲学活动。11月，赴意大利的里雅斯特市出席第三世界科学院成立大会，并被选为院士。

1984年4月，被美国科学院正式授为外籍院士，成为第一位获此殊荣的中国人。

1985年4月，当选为全国政协副主席。

1985年6月3日，应日本亚洲文化交流协会之邀到日本进行访问。6月12日，在东京大学向日本数学界作《理论数学及其应用》讲演后晕倒在讲坛上，因急性心肌梗死抢救无效逝世，享年75岁。

后 记

  关于竺可桢、华罗庚、苏步青、童第周等科学家,相信很多人在中小学课本里对他们的事迹就有些了解。他们爱国敬业、勇于探索、自力更生、发奋图强的精神和淡泊名利、甘为人梯的高尚人格,一直令我深受鼓舞,这种情怀也伴随着我成长。参加工作后,编撰一套科学家榜样丛书,让他们的精神广为传承与发扬,让不同年龄层的读者通过阅读他们的事迹得到精神方面的滋养,也成为我的一个心愿。

  在一次选题论证会上,大家畅所欲言、各抒己见,我也说出了多年来深藏心底的想法,结果得到同事们的极大认可,并且都跃跃欲试,想要参与其中,这让我心里有说不出的高兴与感动。很快,我将本套丛书的策划案以电子邮件的形式发给华中科技大学出版社大众分社的亢博剑社

后 记

长,几天后收到亢博剑社长的回复。他在邮件中明确表示,总社、分社一致通过了本套丛书选题,希望尽快组织编写,争取早日付梓。在此,谨向华中科技大学出版社总编姜新祺、大众分社社长亢博剑及所有参与审校的编辑老师表示深切的感谢!

选题确定后,公司马上成立了编写团队,一方面联系科学家的家人、好友及同事进行采访,一方面到各省市的纪念馆搜集一手资料,然后进行整理、归档、撰写。为了保证史料的严谨性,我们查阅了大量资料;为了更好地诠释老一辈科学家的科学精神和家国情怀,我们对书中的文字反复进行修改润色。经过将近一年的努力,初稿完成,并特邀海军大校、《海军杂志》原主编、海潮出版社原社长刘永兵编审审校。本套丛书还有幸得到了中国工程院原党组成员、秘书长兼机关党委书记,曾任钱三强院士专职秘书多年的葛能全先生审订。初次拜见葛老时,我们介绍了出版这套丛书的初衷及编写过程,葛老赞许道:"你们还坚持这份初心,不容易!我对这套丛书的10位科学家颇为了解,他们也是我的青年导师。"葛老当场提出无偿帮助我们审订这套丛书。从2019年5月初至2019年10月底,葛老不畏暑天炎热,对10本书稿进行了逐字逐句的审校,并提出许多宝贵的修改建议。

在本丛书的编写过程中,李建臣先生于百忙之中也给予了许多宝贵的指导和建议,并在团队多次真挚的邀请下,同意担任本套丛书的主编。

在此谨向葛能全先生、李建臣先生、刘永兵先生致以诚挚的感谢和崇高的敬意！

由于编者水平有限，加上本丛书涉及人物众多，难免有不准确、不妥当之处，尚祈广大读者批评指正。